Externe Prägungen für Anfänger

Dominanz, Fixierungen, Hypnose, Traumata, Massenpsychosen und mehr

Kontakt: www.HarryEilenstein.de
Harry.Eilenstein@web.de
Harry Eilenstein bei youtube

Herstellung und Verlag: BoD – Books on Demand, Norderstedt

ISBN: 9783756822560

Das Herzchakra ist Quelle, Schutz und Halt.

Inhaltsverzeichnis

I Die Externe Prägung

Der neugeschaffene Begriff „Externe Prägung" soll einen Vorgang beschreiben, der bisher noch kaum genauer untersucht worden ist und der am ehesten als „Hypnose" oder „Massenpsychose" bekannt ist. Da dieser Vorgang, dessen Existenz fast nie wirklich ganz bewußt wird, jedoch in der Magie und auch im Alltag eine recht große Rolle spielt, ist es sinnvoll, ihn einmal genauer zu untersuchen.

1. Allgemeines

Mit „ Externe Prägung" sind Vorgänge gemeint, bei denen das eigene Verhalten von Einflüssen gelenkt wird, die einem selber in aller Regel überhaupt nicht bewußt werden und daher auch nicht kontrolliert werden können. Sie laufen in der Regel vollständig unbewußt ab.

Diese „Externen Prägungen" werden jedoch von Magiern, Politikern und dominanten Personen der verschiedensten Schattierungen sowohl bewußt als auch unbewußt benutzt. Dies geschieht zum Teil mit ihrem Willen und zum Teil auch gegen ihren Willen.

Diese Vorgänge laufen, da sie oft unbewußt bleiben und da sie auch eine magische Seite haben, auch im Bereich der Lebenskraft ab, d.h. sie wirken auch per Telepathie, per Telekinese und per Zufalls-Lenkung.

Wenn man als Magier eigenständig sein will, ist es somit angebracht, sich diese Vorgänge einmal genauer anzuschauen.

2. Beispiele

Um diesen Vorgang zu illustrieren und um verständlicher zu machen, was mit „Externer Prägung" gemeint ist, sind vermutlich einige Beispiele aus dem Alltag am anschaulichsten.

- Eine Freundin von hat ein spezielles Problem: Jeden Monat verliebt sich mindestens ein neuer Mann in sie. Sie will das gar nicht und findet es mittlerweile ziemlich störend, aber sie kann es nicht ändern.

Hier könnte man noch argumentieren, daß sie eben eine besonders starke erotische Ausstrahlung hat – obwohl das eigentlich gar nicht zutrifft.

- Ich habe mir einmal auf dem Weg zum Bioladen so nebenher gewünscht, noch ein zweites Fahrrad zu haben, damit ich auch zusammen mit Leuten, die mich besuchen kommen, eine Fahrradtour machen kann. Als ich dann im Bioladen war, klopfte schon vor der Öffnung des Ladens ein Nachbar am Schaufenster und frug mich, ob ich nicht sein altes, aber noch völlig intaktes Fahrrad haben wolle – er hat gerade seinen Schuppen aufgeräumt. Natürlich wollte ich …

Das ist die Art von „Externer Prägung", die man „sinnvollen Zufall" oder „Zufalls-Lenkung" nennen würde. Da dabei niemand etwas gegen den eigenen Willen tut, kann man hier eigentlich noch nicht von „Externer Prägung" sprechen.

- Dasselbe Phänomen wie eben beschrieben kenne ich mit vielen Dingen: Wenn ich mir nebenher wünsche, heute Nachmittag noch einmal umarmt zu werden, passiert das; wenn ich innerlich ein Lied in der Ewe-Sprache aus Ghana vor mich hin singe, fragt mich eine Frau aus Ghana nach dem Weg; wenn ich daran denke, daß mein Bankkonto ein bißchen Geld brauchen könnte, erhalte ich eine unerwartete Überweisung usw.

Diese Ereignisse fallen auch noch in die Kategorie des „sinnvollen Zufalls", der einen Wunsch erfüllt. Auch hier ist nicht zu sehen, daß irgendeine Art von Zwang ausgeübt wird oder irgendetwas Unfreiwilliges geschieht. Dies ist somit zwar eine „Prägung des Lebebsflusses", aber keine „Externe Prägung" eines anderen Menschen.

- Bei dem folgenden Ereignis ist das schon etwas anders. Eine Bekannte war des öfteren bei mir, um sich wegen psychischer Probleme beraten zu lassen und um Magie zu lernen. Eines Tages hatte ich plötzlich das Bild in mir, daß ich mein Hemd ausziehen sollte. Ich habe mich zwar über dieses Bild gewundert, aber habe schließlich mein Hemd ausgezogen. Meine Bekannte hat nicht im geringsten darauf reagiert, daß ich nun mit nacktem Oberkörper dagesessen habe. Viel später hat sie mir erzählt, daß sie als Kind monatelang von einem Mann mißbraucht worden ist und daß dies immer damit begonnen hat, daß er sein Hemd ausgezogen hat.

Hier habe ich offenbar auf ein Angstbild in meiner Bekannten reagiert, da solch ein „spontanes Entkleiden" bei mir ansonsten überhaupt nicht üblich ist. Hier kann man schon von einer „unbewußten Externen Prägung" meines Verhaltens durch das innere Angst-Bild meiner Bekannten sprechen.

- Einen ähnlicher Vorgang wie den in dem vorigen Beispiel kenne ich sowohl von mir als auch von einer Freundin: Man sagt in einem Gespräch oder in einer Beratung auf einmal intuitiv und ziemlich zusammenhanglos etwas, wovon man nicht weiß, warum man es eigentlich sagt – und das hat auf den anderen eine große bis ziemlich heftige Wirkung.

In diesem Fall hat man offenbar intuitiv, d.h. telepathisch etwas erfaßt, was man dann ausgesprochen hat und was „den Nagel auf den Kopf getroffen" hat.

Hier liegt zwar eine telepathische Wahrnehmung vor und eine auf ihr beruhende Handlung, die eine große Wirkung auf den anderen hat, aber da hier niemand etwas gegen den eigenen Willen tut, kann man hier auch nicht von einer „Externen Prägung" sprechen.

- Ich bin einmal den Berg hinauf in den Wald gegangen und sah dabei vor mir eine Frau, die ihr Fahrrad den Berg hinauf schob. Während ich so auf den Rücken der Frau geblickt habe und mich über ihre komische Ausstrahlung gewundert habe, mußte ich an eine Freundin denken, die einmal bei einer gemeinsamen Wanderung wie in Zeitlupe umgefallen ist.

Da stürzte auch die Frau vor mir wie in Zeitlupe um und mußte dann laut lachen, weil dieser Zeitlupen-Sturz derartig komisch war. Es hat bei beiden Stürzen ca. 4-5 Sekunden gedauert, bis die Frau schließlich am Boden lag.

Hier habe ich offensichtlich die Frau vor mir mit meiner Freundin verknüpft und dadurch den absurd langsamen Sturz der Frau verursacht. Dies war offensichtlich eine „Externe Prägung" der Frau vor mir durch mich.

Eine ganz ähnliche Geschichte wird über Aleister Crowley berichtet. Er ist hinter einer Frau her gegangen und hat ihre Weise zu gehen möglichst genau imitiert und dann so getan, als ob er fallen würde – woraufhin die Frau gestützt ist.

- Als die Freundin mit den endlos vielen Verehrern, von der ich im ersten Beispiel erzählt habe, mich einmal besuchen kam, habe ich meine Meditationskerze angezündet, die ich schon seit Jahren immer nur bei meinen Meditationen benutzt habe. Ich habe mich darüber gewundert, aber es fühlte sich so an, als ob ich das für diese Freundin tun müßte. Als mir bewußt wurde, wie absurd das ist, was ich da getan habe, habe ich es ihr erzählt, woraufhin sie sagte, daß die Männer, die sie ständig anhimmeln, stets ihren ganzen Besitz opfern und ihre Familien für sie verlassen wollen.

Hier scheint ein sehr starkes Bild in dieser Frau wirksam zu sein, die die Männer dazu bringt, solche Dinge zu tun oder zumindestens ernsthaft dazu bereit zu sein.

- Ein Mann lernte eine Frau kennen und fühlte sich sehr von ihr angezogen. Als sie sagte, daß sie mit ihrem Ex-Partner, der sich von ihr getrennt hatte, eine Familie gründen wollte, warf der Mann innerlich seinen seit 30 Jahren bestehenden Entschluß, alleine leben zu wollen und keine weiteren Kinder mehr haben zu wollen, innerlich über den Haufen und war bereit, mit der Frau Kinder zu haben und eine Familie zu gründen.

- Ich kenne fast nur Frauen, die schon einmal vergewaltigt oder mißbraucht worden sind.
Anscheinend gibt es in mir etwas, was solche Frauen anzieht – vermutlich ist das ein Bild in mir. Da hier niemand zu einer Handlung gedrängt wird, kann man dies noch nicht als „Externe Prägung" bezeichnen.

- Mir sind einige Frauen bekannt, die immer wieder vergewaltigt worden sind oder solchen Vergewaltigungen nur knapp entkommen sind.
Offenbar tragen diese Frauen ein intensives Opfer-Bild in sich, das solche Männer anzieht. Dies ist eine „Externe Prägung" durch das Aussenden des Opfer-Bildes. Das Vorhandensein eines solchen Opfer-Bildes löst natürlich in keiner Weise die Schuld der Tätern ihren Taten auf.

- Die Siegburger Polizei hat einmal ein Experiment durchgeführt: Sie ist mit einer Gruppe von Taschendieben, die im Siegburger Gefängnis einsaßen, in die Fußgängerzone gegangen und hat sie gefragt, welchen Personen dort sie etwas stehlen würden. Alle Taschendiebe wählten dieselben Personen aus. Offensichtlich sind „gut geeignete Opfer" für Täter klar erkennbar.
Das bedeutet zwar noch nicht, daß die Opfer eine „Externe Prägung" auf die Täter ausüben, aber es kommt dem schon recht nah.

- Bei der Hypnose ist die „Externe Prägung" ganz offensichtlich: Der Hypnotiseur schaltet das Wachbewußtsein des Hypnotisierten ab und übernimmt für eine Weile die Rolle und den Einfluß des Wachbewußtseins für den betreffenden Menschen.
Hier wird die „Externe Prägung" ganz bewußt durchgeführt.

- Bei der Fernhypnose wird jemand an einem anderen Ort ohne jeglichen äußeren Kontakt hypnotisiert. Der Hypnotisierte führt dann die Aufträge des Hypnotiseurs aus – in manchen Fällen bleibt er dabei bei Bewußtsein, in manchen Fällen verliert er jedoch wie bei einer normalen Hypnose auch sein Wachbewußtsein und seine Erinnerung an das, was er während der Hypnose getan hat.

- Es gibt in der Magie auch „Externe Prägungen", die wie extreme Formen von Hypnose wirken, obwohl sie wortlos vonstatten gehen. So ist z.B. eine Bekannter von mir in der Lage, einen Teilnehmer seiner Seminare dazu zu bringen, sich für einen Hund zu halten, auf allen Vieren zu laufen und einen anderen Teilnehmer ins Bein zu beißen.

Dies ist sozusagen „telepathische Hypnose", d.h. die wortlose, fast totale Kontrolle eines anderen Menschen.

- Manchmal gibt es auch im normalen Alltag ziemlich krasse Fälle der „Externen Prägung". Ich kenne einen Jugendlichen, der von mehreren Männern vergewaltigt worden ist und daraufhin einen psychischen Zusammenbruch erlitten hat, einen Selbstmordversuch begangen hat und daraufhin in eine Klinik eingeliefert worden ist. Die behandelnde Ärztin dort hat sich – statt ihn zu beraten – vor dem jungen Mann bis auf ihren String-Tanga entkleidet und ihm alle ihre Tattoos gezeigt. Das hat den jungen Mann natürlich ziemlich geschockt.

Bei diesem Beispiel wird deutlich, wie stark diese inneren Bilder sein können und zu welch absurden Handlungen sie andere bringen können. Es läßt sich eigentlich kaum fassen, daß eine Ärztin „vergißt", daß sie eigentlich gerade das Trauma eines jungen Mannes behandeln soll und sich stattdessen vor ihm entkleidet.

- Diese Beispiele sind offenbar eng mit den in der Magie ausgesandten Wünschen verwandt. Nur sind diese ausgesandten Wünsche in den meisten der hier angeführten Fälle im Gegensatz zu den bewußten Wünschen in der Magie unbewußt.

Für die Wirksamkeit der inneren Bilder ist es offenbar kaum von Bedeutung, ob sie bewußt oder unbewußt sind – sie werden ausgesandt und sie neigen dazu, Realität zu werden.

- Ich habe vor etlichen Jahren einmal beschlossen, auf „die da oben", also auf meine Seele, die Götter usw. darin zu vertrauen, daß ich immer genügend Geld haben werde – was seitdem auch der Fall ist.

Solche inneren Bilder können offenbar auch sehr dauerhaft sein und folglich auch über lange Zeit hinweg ihre Wirkung entfalten – was ja auch für das zutrifft, was man in der Psychologie den „Wiederholungszwang" nennt, und ebenso z.B. für die vielen Verehrer meiner Bekannten oder andere ständig wiederkehrende Erlebnisse.

- Ein sehr ausgeprägter Fall sind Menschen mit Süchten, Psychosen oder anderen schwereren psychischen Störungen. Sie sind oft in der Lage, ihr gesamtes Umfeld zu prägen und ihre ganze Familie und alle ihre Freunde „mit in ihren Film zu ziehen".

Die Intensität eines inneren Bildes steht offenbar in einem direkten Verhältnis zu der Größe der Wirkung dieser Bilder – und bei einer Psychose ist die Intensität dieser Bilder sehr hoch …

- Es gibt immer wieder Politiker, die die Gabe haben, durch ihre Sprache andere Menschen zu Dingen anzutreiben, die sie freiwillig niemals tun würden. Hitler, Göbbels & Co. sind gute Beispiel für diese Form der „Externen Prägung" von Menschen.

In diesen Fällen scheint meistens eine Mischung von bewußter Absicht und instinktivem Wissen über die effektivste Vorgehensweise vorzuliegen.

- Schließlich gibt es noch die eher platte, aber dennoch sehr wirksame Methode, bei der man einfach etwas solange immer wieder behauptet, ohne es jemals zu begründen, bis es ausreichend viele Menschen glauben. Dafür ist die Behauptung des Wahlbetrugs durch Donald Trump ein sehr anschauliches Beispiel.

Derartige Vorgänge kommen im Alltag vermutlich sehr häufig vor ohne daß sie von ihrgendeinem der beteiligen Menschen bemerkt werden.

Da man als Magier in der Regel u.a. auch nach Eigenständigkeit strebt, stellt sich die Frage, wie man diese „Externen Prägungen" erkennen und was man gegen sie tun kann.

Diese beiden Fragen sind das Thema dieses Buches.

II Die absichtliche Externe Prägung

Da man ein Phänomen am besten verstehen kann, wenn man seine verschiedenen Varianten kennt, werden in diesem und dem folgenden Kapitel die verschiedenen Erscheinungsformen der Externen Prägung genauer betrachtet.

- - -

Die absichtliche Externe Prägung ist deutlich besser bekannt als die unabsichtliche Externe Prägung. Daher wird sie hier als erstes betrachtet.

Es gibt einen wichtigen Zusammenhang in der Magie, der sich auf die absichtliche Externe Prägung bezieht:

- Man kann sich etwas wünschen, was sich auf Gegenstände wie z.B. ein Fahrrad bezieht – dabei ist der eigene Wille weitgehend frei.

- Man kann sich auch allgemeine Dinge wie z.B. eine Beziehung wünschen – auch hier ist der eigene Wille frei.

- Man kann sich auch etwas wünschen, bei dem ein anderer Mensch eine Rolle spielt, wie z.B. die Beziehung zu einem konkreten Menschen – hier steht der eigene Wille gegen den Willen des anderen Menschen.

Es gibt also zwei Formen der Magie, die man sinnvollerweise unterscheiden sollte:

- Die eine Form der Magie lenkt lediglich den Zufall – bei ihr ist kein anderer konkreter Mensch betroffen oder beteiligt. Hier kann sich der eigene Wille frei entfalten.

- Bei der anderen Form der Magie spielt ein anderer konkreter Mensch eine wichtige Rolle. Das bedeutet, daß der eigene Wunsch und Wille evtl. dem Wunsch und Willen des anderen Menschen entgegensteht. Wenn dies der Fall ist, kommt es nicht mehr zu einer mühelosen und druckfreien Wunscherfüllung, sondern zu einem Streit.

Das bedeutet, das der Magier seinen Wunsch nicht erfüllen kann, wenn der andere nicht dasselbe will – zumindestens wird der andere es nicht freiwillig tun, sondern höchstens gezwungenermaßen, was dann in vielen Fällen auch nicht das ist, was der Magier erreichen wollte.

Dabei gibt es manchmal extreme Fälle wie z.B. den Magier, der unbedingt will, daß eine bestimmte Frau zu ihm kommt und mit ihm zusammen sein will, aber sie das auf keinen Fall will. Wenn er nun immer stärkere Magie verwendet, kann es sein, daß sie dann im Leichenwagen an seinem Haus vorbeikommt … Aber das ist jetzt natürlich ein Extremfall.

Schließlich gibt es noch den Fall, daß der Magier etwas will, woran ein anderer konkreter Mensch beteiligt ist, wobei es dem Magier jedoch egal ist, was mit diesem Menschen passiert. Dieser Fall führt dann letztlich zu der einen oder anderen Form de Schadens-Zaubers und der Kampf-Magie – das ist sozusagen das Maximum an absichtlicher „Externer Prägung".

Doch zunächst einmal ist es sinnvoll, die verschiedenen Formen der absichtlichen Externen Prägung genauer zu betrachten.

1. Konzentration

Generell läßt sich sagen, daß innere Bilder eine magische Wirkung haben und so- wohl den Zufall lenken als auch andere Menschen beeinflussen können. Die Stärke dieser Lenkung und dieses Einflusses hängt davon ab, wie klar das innere Bild ist und wie stark die Konzentration auf dieses Bild ist, d.h. wie stark dieses Bild emotional aufgeladen ist.

Bei diesen Bildern kann man zwei Sorten unterscheiden: erstens Bilder, die aus einer bewußten Absicht und aus einem bewußten Willen heraus mit einer klaren Ziel- setzung erschaffen worden sind – also Magie – und zweitens Bilder, die zwar bewußt, aber eher ungewollt aus Sucht, Angst, Selbstzweifel, Selbsthaß und ähnlichem heraus entstanden sind.

Beide Arten von Bilder haben letztlich dieselbe magische Wirkung: Sie lenken den Zufall in dem Leben des Betreffenden in der Weise, daß die inneren Bilder Wirklich- keit werden, und sie haben auch eine Wirkung auf die Menschen, die mit dem Betref- fenden zu tun haben.

2. Einsgerichtetheit

Die Einsgerichtetheit ist sozusagen die „vollkommene Konzentration". Bei der Einsgerichtetheit ist man – wie das Wort schon sagt – vollständig auf eine einzige Sache ausgerichtet. Das geschieht entweder unabsichtlich durch Schmerz, Angst, Sucht, Gier, Ekel u.ä. oder absichtlich durch Sexualität, Meditation, Magie, Tanz u.ä.

Diese Einsgerichtetheit läßt den Zustand der Ekstase entstehen, der sich deutlich anders anfühlt als das normale Wachbewußtsein: Er ist intensiver, die Zeit scheint langsamer zu vergehen, man ist vollständig von ihm ausgefüllt, es wird einem oft warm oder gar heiß, die Lebenskraft ist Bewegung und man kann sie manchmal spüren usw.

Die Variante der Ekstase, die durch Sucht, Angst, Panik, Schmerz, Haß, Selbsthaß u.ä. ausgelöst wird, wir meistens nicht „Ekstase", sondern „Fixierung" genannt.

Diese verschiedenen Formen der Einsgerichtetheit haben die stärkste magische Wirkung – wobei in der Regel nur die bewußt hervorgerufene und auf ein bewußt ausgewähltes Ziel ausgerichtete Ekstase eine förderliche Wirkung hat. Die reine Angst-Fixierung ruft hingegen nur das herbei, worauf sich diese Angst bezieht.

3. Dominanz

Die Dominanz ist ein Verhalten, das darauf ausgelegt ist, sich in jeder Situation durchzusetzen, d.h. 1. alles zu bekommen, was man haben will, 2. in jeder Situation der Sieger zu sein, und 3. in jeder Situation alle Aufmerksamkeit auf sich selber zu ziehen.

Diese drei Ziele entsprechen den drei Bereichen „Fülle, Kraft, Selbstliebe". Sie sind allerdings eine Polarisierung dieser drei Bereiche: Man strebt ganz entschieden danach, 1. der Süchtige zu sein und nicht der Asket, 2. der Täter zu sein und nicht das Opfer, und 3. der Star und nicht der Fan.

Diese dominante Haltung und diese drei Polarisierungen gibt es im ganz normalen Alltag und genauso auch in der Magie.

4. Hypnose

Bei der Hypnose ist es recht deutlich, daß der Hypnotiseur das Geschehen bestimmt und folglich in einem hohen Maße dominant ist. Es ist allerdings nicht ganz klar, wodurch er seine Dominanz in die Tat umsetzt – sind es nur seine Worte oder ist da z.B. auch Telepathie am Werk.

Auf jeden Fall geht die Dominanz bei der Hypnose sehr weit, da der Hypnotiseur bei geschickter Wahl seiner Worte den Hypnotisierten zu fast allen Handlungen bewegen kann. Er wird den Hypnotisierten in den meisten Fällen nicht zu einem Mord bewegen können, da sich dann die moralischen Werte des Betreffenden wehren würden, aber wenn der Hypnotiseur dem Hypnotisierten suggeriert, daß die echte Pistole in der Hand des Hypnotisierten nur eine Wasserpistole ist und es sich bei dem

Schießen nur um einen lustigen Scherz, wird das innere Wertesystem des Hypnotisierten nicht eingreifen.

5. Fernhypnose

Noch deutlicher wird die Dominanz bei der Fernhypnose, bei der der Hypnotiseur an einem anderen Ort ist als der Hypnotisierte. Der Hypnotiseur wird zwar auch dabei Worte sprechen – der Hypnotisierte kann sie jedoch nicht hören.

Bei der Fernhypnose sind es die inneren Bilder, die telepathisch ausgesandt werden, die die Wirkung bei dem Hypnotisierten hervorrufen.

6. Magier und Medium

In der Nachkriegszeit findet man in Magie-Schriften oft das Paar „Magier und Medium". Der Magier hypnotisiert in der Regel das Medium – der Magier ist dominant und das Medium ist gefügig. In den betreffenden Schriften ist fast die gesamte Magie auf diesem Verhältnis zwischen Magier und Medium aufgebaut. Das Medium ist fast nur ein Hilfsmittel des Magiers wie sein Zauberstab.

7. Demagogen

In der Politik kann man kaum weit kommen, wenn man nicht auch einen Sinn für Dominanz hat – wenn man sich nicht durchsetzen und sein Ziel erreichen will, kommt man nicht weit.

Man kann dabei jedoch Politiker unterscheiden, die Ziele haben, die das Wohlergehen der Allgemeinheit fördern sollen, und die dabei auf die bestehenden Regeln achten, und Politiker, die vor allem eine Überzeugung im Fokus haben, die nicht unbedingt das allgemeine Wohlergehen fördern muß, und die bei ihrem Vorgehen auch nicht unbedingt auf das Einhalten von Regeln achten.

Zu dieser zweiten Sorte von Politikern gehören die Diktatoren und Demagogen, die durch Propaganda, Strafen, Einsperren oder Töten von Gegnern, Krieg u.ä. ihre Machtstellung ständig ausbauen. Für sie sind die Menschen in dem Staat, den sie beherrschen, größtenteils lediglich „Schachfiguren".

Die meisten dieser extrem dominanten Politiker sind gute Redner, die eine Versammlung dazu bringen können, ihnen zu glauben und dann das zu tun, was diese Politiker wollen.

Dies ist eine Form der Externen Prägung, die sich nicht auf einen Einzelnen, sondern auf eine Gemeinschaft richtet. Sie ist eine Art „kollektiver Hypnose". Im Dritten Reich wurde diese mit viel Nachdruck angestrebte kollektive Externe Prägung als „Gleichschaltung" bezeichnet.

Neben den Reden der Demagogen gibt es auch noch die Propaganda, die Desinformation und die Falsch-Information über Rundfunk, Fernsehen und Internet sowie über Veranstaltungen, Versammlungs-Gebäude und ähnliches, die die allgemeine Meinung im Sinne der Machthaber prägen soll, damit diese Machthaber die Allgemeinheit leichter lenken können.

8. Werbung

Eine weitere „kollektive Externe Prägung" ist die Werbung. In ihr werden vor allem Produkte mit allgemein erwünschten Dinge und Situationen assoziiert – in der Regel mit Sex, aber auch mit Dingen wie Freiheit, Reichtum, Urlaub und ähnlichem. Die Werbung setzt also bei den Gefühlen der „Unterlegenen" an: bei dem Mangel des Asketen, bei der Schwäche des Opfers, und bei den Minderwertigkeitsgefühlen des Fans. Die Werbenden selber haben vermutlich dieselben Gefühle, aber sie wollen auf die Seite der Süchtigen, der Täter und der Stars gelangen, d.h. dominant sein.

Werbung ist zu einem großen Teil – drastisch ausgedrückt – ein kollektives Bad in den Gefühlen, die alle vermeiden wollen: Mangel, Angst und Selbstzweifel. Das ist nicht sonderlich geschickt und für das allgemeine Wohlbefinden auch nicht besonders förderlich.

Neben der normalen Werbung, die über Anzeigen, Plakate, Werbespots in Radio und Fernsehen, „product-placing" in Filmen (Ironman fährt stets Audi) usw. wirkt, gibt es auch die Werbung, die durch Magie in Gang gesetzt wird. Dieses Verfahren ist zwar deutlich seltener (soweit ich weiß), aber durchaus wirksam.

Bei der Werbung per Magie sind es die inneren Bilder des Magiers, die auf die Menschen allgemein wirken. Diese Magie-Werbung ist somit eine Art „kollektiver Fernhypnose".

9. Kampfmagie

Bei der Kampfmagie geht es darum, mithilfe von magischen Hilfsmitteln wie Imaginationen zum einen sich selber zu stärken und zum anderen den anderen zu schwächen – wobei der zweite Punkt meistens im Vordergrund steht.

Auch hier sind es die inneren Bilder des Kämpfers, also seine Imaginationen, die das wirksame Element sind.

Der Wille zu siegen, also die Dominanz, sind eine unabdingliche Grundlage für den Erfolg bei der Kampfmagie.

10. Zusammenfassung

Die bewußte externe Prägung funktioniert nur, wenn der Betreffende konzentriert ist – und sie funktioniert am besten, wenn er in seiner Absicht einsgerichtet und daher in seinem Wollen hemmungslos ist.

In den meisten Fällen sind die Betreffenden folglich auch dominant, konfliktbereit, kampfbereit und haben einen ausgeprägten Durchsetzungswillen und Herrschaftswillen.

Das bedeutet, daß diese Menschen vor allem zu denen gehören, bei denen die drei unteren Chakren besonders betont sind: Der Süchtige lebt vor allem aus einem Wurzelchakra heraus, der Täter aus seinem Hara heraus und der Star aus seinem Sonnengeflecht heraus.

Die Externe Prägung durch diese dominanten Menschen kann sich sowohl auf Einzelne als auch auf Gruppen richten.

Sie kann zudem sowohl mit Worten verbunden als auch wortlos sein.

Die extreme Form dieser Externen Prägung ist die Hypnose bzw. Fernhypnose sowie die kollektive Hypnose (Demagogen) und die kollektive Fernhypnose (Werbung per Magie). Die spektakulärste Form der Externen Prägung ist vermutlich die Kampfmagie.

In der Regel wenden die Menschen im Alltag und in der Magie dieselben moralischen Kriterien an, d.h. das, was sie einem Menschen physisch nicht zufügen würden, werden sie ihm auch magisch nicht zufügen.

Allerdings gibt es in der Magie die Neigung, diese moralischen Kriterien nicht allzu genau zu nehmen, da Magie nicht so einfach nachgewiesen werden kann und die Existenz der Magie in unserer Kultur nicht generell anerkannt ist und es daher keine Paragraphen gibt, die „Mord durch Magie" verbieten und unter Strafe stellen.

Daher kann Magie dieselben Menschen anlocken, die auch mit anderen heimlichem Aktionen wie Diebstahl und Intrigen keinerlei Probleme haben.

III Die unabsichtliche Externe Prägung

Die zweite Gruppe von Externen Prägungen ist unabsichtlich und daher auch weitgehend unbewußt und ungewollt – aber deshalb keineswegs weniger wirksam.

1. Fixierungen

Man kann „Fixierungen" als „krankhafte Einsgrichtetheiten" definieren. Das bedeutet, das sich an der Wurzel dieser Fixierungen ein unangenehmes Gefühl befindet. Dies kann ein Mangel sein, eine Angst oder ein Selbstzweifel.

Diese drei Gruppen von Gefühlen können ein „normales Ausmaß" haben, d.h. die betreffenden Menschen tragen in sich diese Gefühle und wirken damit auch auf ihre Umgebung ein – sie ziehen die ihren Gefühlen entsprechenden Ereignisse in ihr Leben und sie drängen andere Menschen dazu, sich entsprechend den Bildern des Menschen mit den Fixierungen zu verhalten. Abgesehen von diesem Druck durch diese Fixierungs-Bilder verhalten sich diese Menschen jedoch weitgehend normal.

Diese drei Gruppen von Gefühlen können jedoch auch ein „außergewöhnliches Ausmaß" erreichen, d.h. zu Einsgerichtetheiten werden, die die gesamte Psyche des Betreffenden zu prägen beginnen. Wenn dies der Fall sein sollte, können die Betreffenden den Kontakt zur Realität verlieren bzw. alltagsuntauglich werden – die Folge sind Depressionen, Psychosen, Schizophrenien u.ä., bei denen die inneren Bilder stärker werden als das Ich, das eigentlich alle inneren Vorgänge lenken sollte.

Menschen mit solchen extrem starken inneren Bildern, die den Realitätsbezug untergraben, haben auch eine extrem starke Ausstrahlung, d.h. sie können ihre Umgebung sehr stark prägen. Man muß das selber erlebt haben, um nachvollziehen zu können, wie sehr Menschen mit einer starken Fixierung die Menschen in ihrer Umgebung in ihr inneres Bilder-System hineinziehen können. Es ist nicht einfach, sich von den inneren Bildern eines solchen Menschen nicht einfangen zu lassen.

2. Traumata

An der Wurzel einer Depression, einer Psychose, einer Schizophrenie, eines Borderline-Syndroms, eines Burnouts und vieler anderer (aber nicht aller) psychischer Probleme kann man ein Trauma finden.

Ein Trauma entsteht, wenn man ein heftiges Erlebnis wie einen Unfall, einen

Mißbrauch, einen Kampf o.ä. erlebt hat und anschließend den Streß, der während dieses Erlebnisses entstanden ist, nicht wieder durch Weinen, Schreien, Zittern, Fluchen u.ä. abbauen konnte. Dieser Streß steht dann wie eine „Konservendose" eingesperrt in dem Keller der Psyche und rappelt dort auf einen dunklen Regel herum.

In solch einem Fall sind es die Trauma-Bilder, die sowohl die eigene psychische Störung als auch die durch den Betreffenden verursachten Externen Prägungen entstehen lassen.

Diese Bilder werden dann aktiviert, wenn der Betreffende etwas erlebt, das Ähnlichkeit mit dem Trauma-Erlebnis hat. Das Chaos, das dann in der Psyche durch die emotional aufgeladenen Bilder in der „Trauma-Konservendose" ausgelöst werden, werden meistens als „posttraumatische Belastungsstörungen" bezeichnet wenn sie nicht übermäßig stark sind und noch keine Psychose oder ähnliches auslösen.

Diese emotional aufgeladenen Bilder in dem Betreffenden und die durch sie ausgelösten und von außen her oft kaum nachvollziehbaren Reaktionen des Betreffenden können einen sehr großen prägenden Einfluß auf die Umwelt des Betreffenden haben.

3. Massenpsychosen

„Massenpsychose" und „Massenpanik" sind zwei Phänomene, bei der eine größere Gruppe von Menschen in dasselbe Bild gerät und bei der die einzelnen Menschen nicht mehr logisch und bedächtig entscheiden können, was sie jetzt tun.

Dabei wirken sicherlich auch die Handlungen der Menschen auf die anderen Menschen in ihrer Umgebung, die sozusagen von dieser Handlung „angesteckt" werden und sie nachahmen.

Doch die Wirkung von Massenpsychosen u.ä. lassen sich kaum auf den „Herdentrieb" reduzieren. Zumindestens bei den Phänomenen, die „Massenhalluzination" genannt werden und bei denen alle Anwesenden dieselben Dinge wie ein Marienerscheinung, ein UFO oder dergleichen sehen, ist offenbar auch ein inneres Bild vorhanden, das von allen gesehen wird. Man kann vermuten, daß dieses Bild in einer Person entstanden ist und sich dann telepathisch auf die Umstehenden ausweitet. Wenn die Umstehenden für die Wahrnehmung eines solchen Bildes bereit sind, d.h. wenn dieses Bild in ihre augenblickliche Situation und in ihr generelles Weltbild paßt, werden sie es übernehmen, sodaß schließlich fast alle Anwesenden z.B. die Marienerscheinung sehen.

Auch bei einer Evokation, bei der vor einer Gruppe von Magiern ein Dämon oder eine Gottheit erscheint, liegt ein solches „koordiniertes Bild" in den Psychen aller Beteiligten vor.

Man kann bei Massenpsychosen, Marienerscheinungen, erfolgreichen Götter-Anrufungen und ähnlichem zwar durchaus von „Externer Prägung" sprechen, aber es gibt hier im Gegensatz zu den früher beschriebenen Formen der Externen Prägung keinen klaren Ausgangspunkt, also keinen einzelnen Verursacher, sondern höchstens noch den „Anreger" eines Prozesses, für den alle Beteiligten bereit gewesen sind.

4. Innere Bilder

Die Wirkung der emotional stark aufgeladenen inneren Bilder läßt vermuten, daß es sehr viele innere Bilder gibt, die im Alltag ständig eine leichte bis mittelstarke Wirkung ausüben und die Ereignisse in die Richtung lenken, die diesen Bildern entspricht.

Die Existenz einer Wirkung solcher Bilder, die sich in den bereits besprochenen Beispielen zeigt, macht es sehr wahrscheinlich, daß diese Bilder ständig wirksam sind – auch da, wo man ein Phänomen zunächst einmal auch lediglich durch eine Erwartungshaltung bei dem Betreffenden o.ä. erklären kann.

Wenn die inneren Bilder in einem Menschen prinzipiell telepathisch auch auf andere Menschen wirken können, dann sollte man diese Möglichkeit mitbedenken, auch wenn man sie in einem konkreten Fall nicht nachweisen kann.

5. Polaritäten

Die inneren Bilder sind nicht willkürlich und ungeordnet. Zunächst einmal gibt es die heilen Bilder wie Fülle, Kraft und Selbstliebe. Die verletzen bzw. kranken Bilder sind jedoch Polarisierungen wie Sucht – Askese, Macht – Ohnmacht, Täter – Opfer, Sieger – Besiegter, Sadist – Masochist, Herr – Sklave, Star – Fan, Größenwahn – Minderwertigkeitskomplex, Narzißmus – Selbsthaß usw.

Das führt dazu, daß sich im Alltag Paare von Menschen bilden, die dasselbe Thema, aber eine entgegengesetzte Polarität haben: Der hilfsbereite Asket kümmert sich um den hilfsbedürftigen Süchtigen, der cholerische Boß schikaniert den ängstlichen Angestellten, der weltberühmte Professor hat eine „graue Maus" als Ehefrau usw.

Daraus ergibt sich, daß diese inneren Bilder in hohem Maße den Alltag eines Menschen gestalten. Wenn man in seiner näheren Umgebung jemanden hat, der psychotisch geworden ist und nun seine ganze Umgebung zu prägen beginnt, kann man davon ausgehen, daß diejenigen am stärksten geprägt werden, die in sich das emotional stark aufgeladene Bild eines helfenden Asketen tragen.

Die inneren Bilder koordinieren den Alltag und gestalten daher das Grundlebensgefühl des Betreffenden. Seine eigenen inneren Bilder erschaffen seine Welt – und das nicht nur aus Sicht des Betreffenden, da z.B. dessen inneres Opfer-Bild auch ganz real Täter in sein Leben rufen.

6. Das Beziehungs-Mandala

Aus dem hauptsächlich prägenden Bild in einem Menschen ergeben sich dessen Beziehungsstrukturen.

Angenommen, ein Mensch ist von seiner Hauptprägung her ein Asket – dann hat der Betreffende folglich auch den Asketen als sein „Idealbild". Dann wird er mit anderen Asketen Freundschaften schließen und eine Gemeinschaft bilden.

Weiterhin kann der Asket auch andere Asketinnen als Freundinnen haben – wobei hier keine erotische Freundschaft gemeint ist.

Daraus ergibt sich, daß der Betreffende die Sucht als das Hauptproblem der Menschheit ansehen wird und folglich Süchtige entweder als Feinde betrachten wird oder möglicherweise auch als Kranke ansehen wird, die man mit allen zur Verfügung stehenden Mitteln behandeln muß, um die Menschheit zu retten. Der betreffende Asket wird also ständig mit Süchtigen zu tun haben und daher in ihnen dauernd seinem eigenen „Schatten" (Angstbild) begegnen.

Es bleiben noch die weiblichen Süchtigen. Zu ihnen fühlt sich der Asket am stärksten hingezogen, da sie sowohl das ihm entgegengesetzte Geschlecht als auch die ihm entgegengesetzte Polarität haben. Ein Extremfall dieser Polarität wäre z.B. „Priester und Hure".

Allgemein gesagt kann man diese Grundstruktur, also das Beziehungs-Mandala, wie folgt beschreiben:

- gleiches Geschlecht, gleiche Polarität → Freundschaft („Ideal")
- anderes Geschlecht, gleiche Polarität → Freundschaft
- gleiches Geschlecht, andere Polarität → Feindschaft („Schatten")
- anderes Geschlecht, andere Polarität → Beziehung

Daß dieses Beziehungs-Mandala auf Dauer zu Streß und Kampf führt, ist leicht zu sehen. Der Asket will nicht mehr helfen, weil der Süchtige immer mehr verlangt, und der Süchtige verlangt immer mehr, weil der Asket nichts mehr gibt; der Täter will immer mehr bestimmen, weil das Opfer so unfähig ist, und das Opfer wird immer ängstlicher, weil der Täter so dominant ist; der Star will immer mehr Ruhm, weil der

Fan ja niemals genug Beifall klatscht, und der Fan will nicht mehr applaudieren, weil der Star so unersättlich ist.

Es ist also erstrebenswert, die inneren polarisierten Bilder zu heilen und aus dem Mangel des Süchtigen und des Asketen wieder Fülle werden zu lassen, aus der Angst des Täters und des Opfers wieder Stärke werden zu lassen, und aus den Selbstzweifeln des Stars und des Fans wieder Selbstliebe werden zu lassen.

7. Zusammenfassung

Der unbewußte Teil der inneren Bilder ist genauso wirksam wie der bewußte Teil der inneren Bilder. Auch hier gilt, daß die Bilder um so stärker Externe Prägungen hervorrufen, je einsgerichteter sie sind.

Da die meisten dieser unbewußten und emotional stark aufgeladen Bilder keine heilen Bilder, sondern polarisierte Bild sind, die dann durch eine Bewertung zu „Ideal" und „Schatten" werden, sind die Wirkungen dieser unbewußten Bilder größtenteils leidvoll.

Sie ziehen zudem ihr Gegenteil an – der Helfer zieht den Hilflosen an, der Täter zieht das Opfer an, das Opfer zieht den Täter an, der Star zieht den Fan an usw. Außerdem bekämpft jedoch jeder auch noch den eigenen Gegenpol: Die Asketen wollen die Süchtigen heilen; der Star fürchtet den Ruhm, den einer der Fans erlangen könnte; der Diktator fürchtet den Aufstand der von ihm unterdrückten Menschen ... Und alle fürchten, daß ein anderer noch süchtiger, noch hilfsbedürftiger, noch asketischer, noch machtvoller, noch berühmter werden könnte, da nur der jeweils Extremste das bekommt, was er erhalten will ...

Diese unbewußten Fixierungen beruhen in sehr vielen Fällen auf einem Trauma, das dann diese ungewollte Einsgerichtetheit hervorruft, die einen Menschen zum Süchtigen, Asketen, Täter, Opfer, Star oder Fan werden läßt.

IV   Die Vorgänge bei der Externen Prägung

Nachdem nun die verschiedenen Formen der Externen Prägung kurz beschrieben worden sind, kann nun betrachtet werden, was bei einer Externen Prägung eigentlich genau vor sich geht. Bisher sind die inneren Bilder und die Telepathie als wesentliche Elemente bei diesem zwischenmenschlichen Einfluß deutlich geworden.

1.   Bewußtsein und Lebenskraft

Die Lebenskraft wird oft als ein Mittelding zwischen Materie und Bewußtsein sowie zwischen Materie und Kraft angesehen. Man kann sie jedoch am ehesten und am widerspruchsfreisten als die Grenze und den Übergang zwischen Bewußtsein und Materie auffassen.

Diese Lebenskraft ist die „Substanz der Telepathie", die die Wirkung der inneren Bilder außerhalb des Menschen, in dem sich diese Bilder befinden, bewirkt. Die Vorgänge dabei sind vermutlich recht komplex, aber der Begriff „Telepathie" ist in diesem Zusammenhang trotzdem recht nützlich, da er die Vorgänge bei der Externen Prägung am einfachsten beschreibt.

Die Bilder in dem Bewußtsein des einen Menschen haben Auswirkungen auf die Bilder in dem Bewußtsein des anderen Menschen und daher auch auf die Handlungen dieses anderen Menschen.

2.   Die Bedeutung der Einsgerichtetheit

Die Stärke der Wirkung einer Externen Prägung hängt zunächst einmal von der Intensität der Bilder in der prägenden Person ab. Ob diese Intensität durch einen in der Meditation geübten Yogi, durch einen fähigen Magier, durch einen Menschen während einer Psychose oder durch einen Süchtigen erlangt wird, ist für die Wirksamkeit der Bilder in diesem Menschen zunächst einmal ohne große Bedeutung.

Die Wirkung von emotional aufgeladenen und einsgerichteten inneren Bildern sind oft sehr groß und können eine massive Wirkung z.B. auf das ganze Umfeld einer an einem Trauma leidenden Person haben.

Was geschieht, wenn zwei Fixierungen aufeinandertreffen? Wenn sie verschiedene Themen betreffen, wird nicht allzuviel geschehen. Wenn sie polar zueinander sind, wird die Polarisierung zwischen den beiden richtig heftig. Und wenn sie dieselbe

Polarisierung bei demselben Thema haben (z.B. zwei Stars), dann wird wahrscheinlich ein Konkurrenzkampf entbrennen.

3. Die Bedeutung der Beeinflußbarkeit

Wenn die äußere Wirkung von inneren Bildern umso größer ist, je intensiver und einsgerichteter diese Bilder sind, muß die Beeinflußbarkeit eines Menschen für das Entstehen einer Externen Prägung umso größer sein, je weniger der „Prägende" innerlich einsgerichtet ist. Er läßt sich dann „wie Ton formen".

Wenn der „Geprägte" allerdings ebenfalls auf eine kranke Weise einsgerichtet ist, d.h. wenn auch er eine Fixierung hat, ist er ebenfalls sehr einfach zu prägen: Die kleinste Provokation in der Richtung auf sein „Thema" veranlaßt ihn bereits zu heftigen Reaktion – Gelassenheit und Souveränität sieht anders aus …

Die Einsgerichtetheit auf die eigene Seele, also auf das eigene Herzchakra und auf sich selber ist hingegen ein guter Schutz gegen Externe Prägungen, da einem solchen Menschen auffallen wird, wenn er durch äußere Einflüsse zu Handlungen gebracht wird, die nicht seinem eigenen Wesen entsprechen.

4. Wiederholungen von Externen Symmetrien

„Warum immer ich?!" Dieser allgemein bekannte Satz zeigt ein typisches Phänomen von Externen Prägungen: Das eigene innere Bild, das das eigene Verhalten maßgeblich prägt (z.B. die Opferhaltung), prägt auch die eigene Umgebung und zieht die dazu passenden Menschen herbei (bei dem Opfer also die Täter).

Das führt dazu, daß das Opfer sich nach der mühsamen Trennung z.B. von einem Täter wieder einen neuen Täter sucht, alles besser machen will, aber schließlich dasselbe Drama in neuer Besetzung und mit gesteigerter Heftigkeit aufführt.

Diese Wiederholungs-Dynamik wird von den inneren Bildern verursacht und mit ziemlich unangenehmer Präzision organisiert.

Wenn man an der eigenen Biographie sehen kann, daß man sehr oft z.B. drei bestimmte Erlebnisse hat, die alles andere als allgemein üblich sind, kann man daraus schließen, daß man selber der Verursacher dieser drei Regelmäßigkeiten sein muß. Diese auffälligen Wiederholungen können die verschiedensten Dinge sein:

> - Man wird immer wieder plötzlich und ohne jegliche Ankündigung oder Erklärung verlassen.

- Man wird immer wieder vergewaltigt oder von Fremden verprügelt.

- Sobald man etwas Geld angespart hat, hat man einen Autounfall, der genauso viel kostet wie das angesparte Geld.

- Man wird immer wieder von Menschen betrogen, die man für beste Freunde gehalten hat.

- In jeder Beziehung macht einem die Schwiegermutter das Leben zur Hölle.

- Wenn man kurz vor dem Abschluß einer Ausbildung, einer Lehre oder ähnlichem steht, erleidet man einen Nervenzusammenbruch mit gelegentlichen Psychosen und kann die Ausbildung o.ä. nicht beenden.

- Man wird immer wieder überfallen und ausgeraubt, aber dabei niemals verletzt.

- Immer, wenn man etwas Großes geschafft hat, streicht ein anderer den Lohn und den Ruhm dafür ein.

- Man wird immer wieder unbegründet von Lehrern bestraft, vom Lehrherrn beschuldigt, vor Gericht schuldig gesprochen usw.

Diese Wiederholungen werden durch einen selber, d.h. durch die eigenen emotional aufgeladenen inneren Erinnerungs-Bildern von früher einmal erlebten Verletzungen, Mangelzuständen, Ängsten, Scham, Selbsthaß usw. inszeniert.

5. Horoskop

Diese Wiederholungen lassen sich anhand des Horoskops des Betreffenden beschreiben. Allerdings läßt sich astrologisch nur das allgemeine Thema erfassen, also z.B. „Beziehungen haben ein plötzliches Ende" bei einem Halbsextil von der Venus zum Uranus.

Es läßt sich hingegen nicht sagen, ob der Betreffende stets der Verlassene ist, ob er stets den anderen verläßt oder ob das abwechselt.

Weiterhin läßt sich auch nicht sagen, ob der Betreffende das genau richtig so findet und das Trennungsende und den Wechsel zu einer neuen Beziehung jedesmal wieder genießt, oder ob der Betreffende jedesmal unter der Trennung leidet und lange braucht, bis er wieder eine neue Beziehung gefunden hat.

Diese Unterscheidung läßt sich nur anhand der Kenntnis der inneren Bilder des

Betreffenden treffen. Man kann anhand des Horoskops Vermutungen darüber anstellen, wie der Betreffende wahrscheinlich mit seinem Venus/Uranus-Halbsextil umgehen wird, aber ganz sicher weiß man das nicht.

Das Horoskop beschreibt somit generell die Lebensthemen eines Menschen, aber nicht die genaue Art und Weise, wie der Betreffende mit diesem Thema umgeht und wie er es erlebt. Das Horoskop gibt also an, in welchen Bereichen wahrscheinlich emotional aufgeladene Bilder entstehen werden, die dann auch die Umgebung des Betreffenden prägen werden.

Die Externen Prägungen, die von einem Menschen ausgehen, passen also zu dem Horoskop des Betreffenden, aber das Horoskop zeigt noch nicht präzise, wie der Betreffende mit den in seinem Horoskop angezeigten Themen umgehen wird.

6. Die Symmetrien bei der Externen Prägung

Die leidvollen Gegensatz-Paarungen, die bei polarisierten inneren Bildern entstehen, sind bereits beschrieben worden. Dies sind:

Die drei Symmetrien bei der Externen Prägung			
Grundqualität	*gestörte Qualität*	*Extreme*	*polarisierte Typen*
Fülle	→ Mangel	→ Gier	→ Süchtiger
		→ Verzicht	→ Asket
Kraft	→ Angst	→ Macht	→ Täter
		→ Ohnmacht	→ Opfer
Selbstliebe	→ Selbstzweifel	→ Narzißmus	→ Star
		→ Selbsthaß	→ Fan

Das größte Drama entsteht dadurch, daß Menschen mit einem polarisierten Selbstbild sich als Beziehungspartner jemanden suchen, der das entgegengesetzte polarisierte Selbstbild hat. Anfangs ergänzt sich das vorzüglich, doch nach einer Weile steigert sich die Polarisierung der beiden gegenseitig zu immer größeren Extremen.

7. Externe Prägung, Psychose und Besessenheit

Ein inneres Bild kann die eigene Umwelt in der Weise durch eine Externe Prägung lenken, daß dies eine große Wirkung auf das eigene Leben hat – indem man z.B. in jedem Zusammenhang seines Lebens immer der Prügelknabe ist.

Diese inneren Bilder können so intensiv werden, daß man sie nicht mehr von der äußeren Wirklichkeit unterscheiden kann und sie somit zu einer Psychose führen. Während des Zustandes einer akuten Psychose können die inneren Bilder des Betreffenden dann eine noch größere prägende Wirkung auf die Umwelt des Betreffenden entfalten.

Schließlich gibt noch einen besonderen Fall der Externen Prägung: die Besessenheit.

Eine Besessenheit ist die vollständige oder teilweise Übernahme der Kontrolle über einen Menschen durch einen Geist, d.h. durch ein nicht-materielles Wesen, das sich üblicherweise in dem betreffenden Menschen befindet. Es handelt sich also sozusagen um die Hypnose eines Menschen durch ein nicht-materielles Wesen.

Solch eine Besessenheit ist nicht einfach nachzuweisen. Ist das, was das auffällige Verhalten eines Menschen hervorruft, tatsächlich ein eigenständiges, „externes" Wesen oder einfach ein Teil der Psyche des Betreffenden, der sich weitgehend verselbständigt und teilweise die Kontrolle über die Psyche übernommen hat?

Im Zweifelsfall sollte man erst einmal von einem Teil der Psyche ausgehen und versuchen, diesen Teil zu heilen und wieder zu integrieren – was natürlich schwierig sein kann.

Auch wenn der Betreffende im Zustand der Besessenheit besondere magische Fähigkeiten hat, kann es sich dabei immer noch um Fähigkeiten des betreffenden Menschen handeln, die dieser noch nicht bewußt zur Verfügung hat.

Es ist kaum möglich, sicher zu entscheiden, ob eine Besessenheit vorliegt oder nicht. Wenn der Geist Eigenschaften und Verhaltensweisen hat, die nicht zu dem betreffenden Menschen passen, könnte es sich dabei um Verdrängungen handeln. Vielleicht passen diese Eigenschaften und Verhaltensweisen auch zu dem Horoskop des Betreffenden – dann könnten die Quadrate in dem Horoskop auf verdrängte Eigenschaften hinweisen, aber genauso gut auch ein „Tor" für einen Geist mit diesen Eigenschaften sein.

Glücklicherweise ist die Behandlung in beiden Fällen weitgehend dieselbe – aber das wird erst in dem nächsten Kapitel dieses Buches beschrieben.

8. Quadrate im Horoskop

Es wäre interessant zu wissen, ob es Menschen gibt, die für Externe Prägungen besonders anfällig sind und wenn, ja, welche Menschen das sind.

Zunächst einmal ist offensichtlich die Gruppe von Menschen, die es anderen recht machen will und die ein sehr starkes Bedürfnis nach Nähe und Harmonie hat, anfällig für Externe Prägungen. In dieser Gruppe findet man neben den Menschen, die ein „kleines, weinendes Kind" in ihrer Psyche haben, u.a. auch Menschen mit Waage-Sonne oder Waage-Aszendent, Menschen mit einer Neptun-Betonung oder einer Mond-Betonung (z.B. als Planet im 1. Haus).

Auch Menschen mit einem einzelnen Quadrat, seltener auch mit zwei Quadraten in ihrem Horoskop haben oft eine „Verletzung", die dazu führt, daß sie sich nicht gut abgrenzen können und daher empfänglich für Externe Prägungen sind.

Menschen mit mehreren Quadraten in ihrem Horoskop scheinen hingegen dazu zu neigen, sich besonders gut abgrenzen zu können.

Das Quadrat kann also sowohl eine „Bresche in der Stadtmauer" als auch eine „Kanone" auf dieser Stadtmauer sein – eine „Wunde" und „kampfbereite Zähne".

Man kann sich allerdings fragen, ob wehrhafte und aggressionsbereite Menschen weniger anfällig für Externe Prägungen sind oder ob sie nur anders reagieren und vor allem, ob sie einfach nur auf andere Externe Prägungen reagieren.

- Menschen mit einem Mangel an Nähe und Geborgenheit – also Süchtige und Asketen – können sich nicht gut abgrenzen und reagieren daher ganz allgemein stark auf Externe Prägungen.

Hierhin gehören z.B. der ruhelose Süchtige und der Asket, der alles festlegen will – wenn man sie hierin stört, reagieren sie beide heftig.

- Menschen mit einer unsicheren Kraft – also Täter und Opfer – reagieren auf jede Form von Macht und Ohnmacht und sind daher im Bereich dieses Themas leicht beeinflußbar.

Hierhin gehören z.B. der tobende Täter und das jammernde Opfer – wenn ein Thema aus diesem Bereich aufkommt, verlieren beide jedes Maß in ihren Handlungen.

- Menschen mit einem unsicheren Selbstwertgefühl – also Stars mit Narzißmus und Fans mit Selbsthaß – reagieren auf jede Form des Selbstzweifels und sind daher im Bereich der gestörten Selbstliebe leicht beeinflußbar.

Hierhin gehören z.B. beifallheischende Star und der schüchterne Fan – wenn es um Anerkennung geht, verlieren beide jegliches Maß.

Es hat also den Anschein, als ob die Quadrate im Horoskop eher zeigen würden, zu welchem Typ Mensch man gehört und welches Problem man möglicherweise hat (Mangel, Angst, Selbstzweifel), aber daß die Anzahl an Quadraten nicht zeigt, ob man generell leicht beeinflußbar ist, d.h. ob man stark auf Externe Prägungen reagiert.

9. Koordination

Die Externe Prägung läuft nicht wahllos, sondern systematisch ab. Dabei gibt es verschiedene Strukturen und Dynamiken:

- Die Bilder, die man in sich selber trägt, die in irgendeiner Form polarisiert sind, ziehen Menschen an, die das Gegenpol-Bild zu demselben Thema in sich tragen. Süchtige und Asketen ziehen sich gegenseitig an, ebenso Helfer und Hilfsbedürftige, Täter und Opfer, Sadisten und Masochisten, Herren und Sklaven, Stars und Fans, Größenwahnsinnige und Menschen mit Minderwertigkeitskomplexen usw.

Im einzelnen Fall sind diese Polarisierungen und die „leidvollen Ergänzungen" dazu natürlich deutlich präziser als z.B. nur „Täter und Opfer".

Diese Polarisierungs-Anziehung scheint der Standard-Fall bei der Externen Prägung zu sein.

- Weiterhin gibt es einzelne Menschen, die besonders dominant sind und nach Macht streben. Diese Menschen prägen das Verhalten der meisten Menschen in ihrer Umgebung.

- Ebenso gibt es Menschen, die besonders offen sind und jeden Einfluß aus ihrer Umgebung aufnehmen. Wenn sie einen Menschen mit einem Gipsverband um das linke Bein sehen, bekommen diese Menschen Schmerzen in ihrem eigenen linken Bein …

- Man kann solche Kombinationen auch mithilfe der Horoskope der beiden beteiligten Menschen betrachten: Konjunktionen gleicher Planeten schaffen eine enge Bindung, Quadrate zwischen gleichen Planeten schaffen entweder heftige Konflikte oder ein gegenseitiges Freilassen, Quadrate zwischen verschiedenen Planeten schaffen gegenseitige Verletzungen usw.

Generell reagieren Menschen besonders stark aufeinander, wenn es viele astrologische Aspekte zwischen den Planeten in den Horoskopen dieser beiden Menschen gibt.

- Bei der Externen Prägung entsteht eine doppelte Bindung: Der Täter zieht aufgrund seines inneren Bildes Opfer in sein Leben – und ein Opfer zieht aufgrund seines inneren Bildes Täter in sein Leben. Dadurch ist solche eine Bindung ziemlich stabil.

- Wenn einer der beiden Menschen in solch einer doppelten Bindung sich weiterentwickeln und sowohl sein inneres Bild als auch die Externe Prägung auflösen will, muß er an zwei Fronten kämpfen: Er muß in sich selber das eigene Bild auflösen oder schrittweise verwandeln und er muß sich zugleich gegen den Druck der Externen Prägung durch den anderen zur Wehr setzen.

Das ist nicht einfach und führt meistens zur Trennung, weil es keine komplementäre (polarisierte) Übereinstimmung der inneren Bilder der beiden mehr gibt. Wenn das Opfer kein Opfer mehr ist, sondern in seiner Kraft ruht, gibt es keinen Ansatzpunkt mehr für die doppelte Täter/Opfer-Bindung.

Es gibt allerdings auch den Fall, daß beide einsehen, daß etwas geändert werden muß. Das ist kreativ und anstrengend, aber ausgesprochen lohnend. In diesem Fall können beide zusammen bleiben, da sich beide in dieselbe Richtung hin verändern.

- Manchmal gibt es auch Bindungen, die nicht auf einer Polarisierung beruhen, sondern auf dem eigenen, weitgehend heilen Charakter.

So scheint es auch Bindungen zu geben, die auf einer Art „unbewußter Verabredung" beruhen. So haben z.B. mein Freund Jörg und ich uns 40 Jahre lang parallel entwickelt: zur selben Zeit geheiratet, getrennt, einen speziellen Entwicklungschritt gemacht usw. Wir haben sogar gleichzeitig eine gelbe Rose auf unseren jeweiligen Hausaltar gestellt – und viel andere Details.

- Manchmal kann man auch recht schnell erkennen, warum man jemanden getroffen hat. So ziemlich die kreativste und zugleich unangenehmste und heilsamste Variante ist der „Peiniger". Dies ist ein Mensch, der das Gegenpol-Bild zu einem selber hat, also die entgegengesetzte Polarisierung lebt, und der daher gnadenlos und pausenlos auf den eigenen wunden Punkten herumtrampelt.

Solch ein „Peiniger" ist die größte Hilfe, wenn man in sich selber ein altes, krankes Verhaltensmuster auflösen und heilen will.

Sehr nützlich und sehr schmerzhaft …

Die wesentliche Form der Bindung bei der Externen Prägung ist die doppelte Bindung zwischen zwei Menschen mit entgegengesetzter Polarisierung bei demselben Thema. Das innere Bild der beiden prägt zum einen das Verhalten des Betreffenden und übt zum anderen auf die Menschen in seiner Umgebung eine Externe Prägung aus.

10. Schadenszauber

Zu den Formen der Externen Prägung gehören auch die vielen Formen des Schadenszaubers, von denen das Voodoo-Püppchen sicherlich die bekannteste Form ist.

Auch andere Formen der Magie, die auf die Beeinflussung von anderen abzielen wie z.B. manche Liebeszauber, die sich auf konkrete Menschen beziehen, sind bewußte Varianten der Externen Prägung.

11. Kampfmagie

Die Kampfmagie ist ein extremer Fall von Externer Prägung, aber glücklicherweise ist sie weitestgehend unbekannt, sodaß man nur sehr selten in einen „Magier-Kampf" verwickelt werden wird.

12. Zusammenfassung

Die Externe Prägung findet in der Regel zwischen Menschen mit einem polarisierten Charakter statt, wobei die beiden beteiligten Menschen gegensätzliche Pole desselben Themas leben.

Durch die Wirkung dieses inneren Bildes eines Menschen auf den jeweils anderen in einem polarisierten Paar entsteht eine doppelte Bindung zwischen den beiden.

Die Intensität in einer solchen doppelten Bindung hängt von drei Dingen ab:

- von der Intensität des inneren Bildes (Einsgerichtetheit, Fixierung),

- von der Anzahl der astrologischen Aspekte zwischen den Horoskopen der beiden beteiligten Menschen, und

- von der Beeinflußbarkeit eines der beiden Beteiligten.

Die beständigen und nicht geheilten inneren Bilder führen auch nach Trennungen zu immer wieder denselben Formen der doppelten Bindung – eine Form des berühmt-berüchtigten „Wiederholungszwangs".

Schadenszauber und Kampfmagie sind extreme Formen der Externen Prägung.

Die Besessenheit ist eine Form der Externen Prägung durch einen Geist, die sich jedoch nur sehr schwer sicher von einem inneren Bild, also von einem psychischen Problem, unterscheiden läßt.

V   Die Abwehr der Externen Prägung

Es ist interessant, welche Formen der Externen Prägung es gibt und wie Externe Prägungen funktionieren, aber der wichtigste Punkt sind auf jeden Fall die möglichen Formen der Abwehr einer solchen Externen Prägung.

1.   Selbstheilung

Die wichtigste und wirkungsvollste Methode gegen Externe Prägungen ist die Selbstheilung, d.h. die Auflösung von Polarisierungen in der eigenen Psyche. Solche Polarisierungen wie „Süchtiger – Asket", „Täter – Opfer" oder „Star und Fan" machen die Psyche instabil – und in diese Polarisierung kann man von außen her einhaken und den betreffenden Menschen lenken.

Ein Mensch, der in den drei heilen Qualitäten „Fülle", „Kraft" und „Selbstliebe" fest verankert ist, ist deutlich schwerer von außen her zu beeinflussen. Solch ein Mensch neigt dazu, sich selber treu zu bleiben und sich nicht von seinem eigenen Weg ablenken zu lassen.

2.   Dominanz

Da es bei der Externen Prägung um den Einfluß handelt, den ein Mensch aufgrund seiner inneren Bilder auf einen anderen Menschen ausübt, könnte man auch eine möglichst große eigene Dominanz als Schutz gegen eine Externe Prägung ansehen. Aus dieser Sicht her betrachtet sollte man anstreben, immer die Situation zu prägen, immer der Sieger zu sein und immer die „Kosten" der Auseinandersetzung auf den anderen zu übertragen.

Dieses Verfahren funktioniert auch einigermaßen gut: Wer den anderen besiegt, ist zunächst einmal im Vorteil und erhält die Gestaltungshoheit über die Situation und erhält auch die „Beute".

Bei diesem Verfahren gibt es jedoch das Problem der doppelten Bindung: Nicht nur der dominante, machtvolle und aggressive Täter prägt durch seine inneren Bilder das hilflose, ohnmächtige und wehrlose Opfer, sondern auch die inneren Bilder des Opfers prägen das Verhalten des Täters. Beide halten sich gegenseitig in einem Weltbild der Angst, der Gefahr und des Kampfes fest.

Wenn sich der Sieger in diesem Weltbild wohlfühlt, ist für ihn die Strategie der

Dominanz passend – wenn sich der Sieger in diesem Weltbild nicht wohlfühlt, müßte er in sich jedoch die Täter/Opfer-Polarisierung auflösen.

3. Wachheit und Wille

Zunächst einmal ist immer, wenn man einen Externe Prägung verhindern oder auf-lösen will, ein Mindestmaß an Wachheit und Wachsamkeit notwendig: Wenn man nicht bemerkt, daß man auf einmal anders handelt als man es normalerweise und ent-sprechend dem eigenem Charakter und den eigenen Zielen tun würde, bemerkt man auch nicht, daß man gerade nicht mehr selber das eigene Verhalten bestimmt, sondern daß man durch eine Externe Prägung gelenkt wird.

Diese Bewußtheit reicht jedoch noch nicht aus – man braucht auch einen starken Willen und eine große Entschiedenheit, um sich nicht in den Sog der Externen Prä-gung hineinziehen zu lassen und auf dem eigenen Weg zu bleiben.

Die Wahrnehmung der Externen Prägung ist die Voraussetzung dafür, sich gegen sie wehren zu können.

4. Die eigene Seele

Außer der eben genannten Wachheit braucht man auch noch einen Maßstab, mit dem man messen kann, ob ein Impuls oder ein Verhalten in einem selber entsprungen ist oder ob dieser Impuls und dieses Verhalten aus einer Externen Prägung stammt.

Natürlich kennen sich die meisten Menschen selber einigermaßen gut und können daher spüren, wenn sie etwas tun, was sie sonst anders machen würden. Wenn man die eigene Seele kennt, die sozusagen das Samenkorn des eigenen Bewußtseins, der eigenen Psyche, des eigenen Lebenskraftkörpers und des eigenen physischen Körpers ist, hat man jedoch eine einen deutlich sichereren und klareren Maßstab, um zu erken-nen, ob ein Impuls oder eine Handlung zu einem paßt oder nicht.

Die Kenntnis der eigenen Seele führt natürlich auch dazu, daß man spürt, wenn man aufgrund von eigenen Mangel-Gefühlen, Ängsten oder Selbstzweifeln anders handelt, als es der eigenen Wahrheit entsprechen würde. Man muß daher dann, wenn man merkt, daß die eigenen Haltungen und Handlungen kein Selbstausdruck der eigenen Seele mehr sind, in einem zweiten Schritt noch unterscheiden, ob der Impuls zu dieser Handlung von innen oder von außen kommt.

In beiden Fällen wird man die Polarisierung entdecken, die dazu führt, daß man sich

33

bei dem betreffenden Thema nicht selber treu ist.

Zunächst einmal gibt die Kenntnis der eigenen Seele einem selber eine klare Ausrichtung im Leben. Wenn der Kontakt zu der eigenen Seele sicher und tragfähig geworden ist, erhält man durch die Kenntnis der eigenen Seele aber außerdem auch noch einen inneren Rückhalt, der zu einer Einsgerichtetheit und Entschiedenheit im eigenen Handeln führt, die einen selber dann wiederum weitgehend gegen Externe Prägungen schützt und „imprägniert".

5. Telepathie

Die Unterscheidung von eigenen Bildern, Gedanken und Gefühlen von telepathisch empfangenen Bildern, Gedanken und Gefühlen gehört zu den Grundlagen des Wissens eines Zauberlehrlings, da diese Unterscheidungsfähigkeit das Leben des Zauberlehrlings deutlich einfacher macht.

Die Methode, beides zu unterscheiden, ist recht einfach: Wenn in einem selber unverhofft ein Bild, ein Gedanke oder ein Gefühl auftaucht und man sich deshalb fragt, wo dies den nun herkommt, kann man schauen, ob man seine Wurzeln sehen kann.

Wenn man ein Bild betrachtet, das aus der eigenen Psyche stammt, kann man – wenn man ein wenig geübt ist – ohne große Mühe erkennen, was die Vorstufe dieses Bildes in der eigenen Psyche gewesen ist und meist auch noch, was die Vorstufe dieser Vorstufe gewesen ist. Dasselbe gilt auch für Gedanken und Gefühle. Bei eigenen Bildern, Gedanken und Gefühlen kann man deren Wurzeln sehen und sie ein stückweit zurückverfolgen – zwei, drei Schritte oder auch noch mehr.

Bei einem Bild, Gedanken oder Gefühl, das per Telepathie von außen her in die eigene Psyche gekommen ist, gibt es keine Vorstufe, keine Wurzel: Das Bild ist auf einmal plötzlich da.

Mit etwas Übung kann man mithilfe dieser Methode sogar erkennen, wenn in einem Traum auf einmal ein Impuls von außen her auftaucht, der nicht aus der eigenen Psyche stammt.

Wie bei fast allen Dingen ist ein wenig Übung hilfreich, um die Unterscheidung „Psyche oder Telepathie" sicher durchführen zu können.

Für diese Unterscheidung ist es natürlich ausgesprochen hilfreich, wenn man schon einige Male Dinge erlebt hat, die sicher Telepathie gewesen sind.

6. Die eigene Schutzgottheit

Für die Kenntnis der eigenen Schutzgottheit gilt weitgehend dasselbe wie das, was bereits in einem früheren Kapitel über die eigene Seele gesagt worden ist. Die eigene Schutzgottheit ist sozusagen das „Meer", von dem die eigene Seele ein „Tropfen" ist.

Die eigene Schutzgottheit ist im Vergleich zu der eigenen Seele zum einen allgemeiner und andererseits größer und daher auch machtvoller. Daher ist es für die Prüfung, ob etwas mit dem eigenen „wahren Wesen" übereinstimmt, der Vergleich mit der eigenen Seele hilfreicher, während es für den Schutz und den Rückhalt gegen Externe Prägungen förderlicher ist, die eigene Schutzgottheit in sich selber wachzurufen.

7. Wehrhaftigkeit

Generell haben es Menschen, die einen ausgeprägten Widerspruchsgeist, eine Neigung zum Kritisieren, eine Tendenz zum prinzipieller Dekonstruktivismus sowie eine Freude am Spielen des „Advocatus diaboli" haben, etwas leichter zu bemerken, wenn sie sich anders verhalten als sie es von sich selber kennen. Dies liegt daran, daß solche Menschen ausgesprochen wach sind und „ihre Antennen ausgefahren haben", um jegliche Unstimmigkeiten in ihrer Umgebung zu spüren und mit ätzenden Kommentaren anzugreifen.

Wenn diese Menschen jedoch „reflexhaft in die Kampfhaltung" gehen, könnten sie auch ein polarisiertes Täter-Selbstbild in sich tragen und dadurch genauso gut lenkbar sein wie ein Mensch mit einem Opfer-Selbstbild.

Das, was am besten gegen Externe Prägungen schützt, ist eine Wehrhaftigkeit, die auf einem inneren Frieden und auf Selbstkenntnis beruht. Diese Wehrhaftigkeit sucht nicht den Kampf und lebt auch in keinem Weltbild des Kampfes – sie ergibt sich aus der Kenntnis der eigenen Stärke, die jedoch lediglich das eigene Wesen ausdrücken will und gegen niemand anderes gerichtet ist. Diese nicht-polarisierte Stärke ist für etwas, aber nicht gegen etwas.

Diese Form der Stärke führt dazu, daß der Betreffende nicht mehr angegriffen wird. Diese Form der Stärke macht den Betreffenden auch weitgehend unangreifbar für Externe Prägungen – sie gleiten einfach von ihm ab, weil sie in seiner Psyche bzw. in seinem Lebenskraftkörper keine Stellen finden, an denen sie einhaken können.

8. Die Chakren

Bei einer „zu lauten", dominanten Haltung staut sich die Lebenskraft in den drei unteren Chakren: beim Süchtigen im Wurzelchakra, beim Täter im Hara und beim Star im Sonnengeflecht.

Bei einer „zu leisen", unterwürfigen Haltung staut sich die Lebenskraft in den drei oberen Chakren: beim Asketen im Scheitelchakra, beim Opfer im Dritten Auge und beim Fan im Halschakra.

Bei der dominanten Haltung versucht man Probleme zu lösen, indem man sich durchsetzt – bei der unterwürfigen Haltung versucht man Probleme zu lösen, indem man an den „Gutmenschen" in dem anderen appelliert.

Beide Methoden funktionieren nicht besonders gut und beide Methoden schützen auch nicht vor Externen Prägungen: Süchtiger und Asket führen stets gemeinsam das Mangel-Drama auf; Täter und Opfer führen stets gemeinsam das Angst-Drama auf; und Star und Fan führen stets gemeinsam das Selbstzweifel-Drama auf.

Die Lösung liegt im Herzchakra, das der „Tempel der Seele" ist. Wenn man dort die eigene Identität wiederfindet, kann man die Polarisierung der drei Chakrenpaare „Wurzelchakra – Scheitelchakra", „Hara – Drittes Auge" und „Sonnengeflecht – Halschakra" nach und nach wieder auflösen, sodaß diese sechs Chakren wieder zu der Konkretisierung dessen werden, was im Herzchakra Gestalt annehmen will.

9. Traumbilder

Um herauszufinden, wie man eine bereits vorhandene Externe Prägung auflösen kann, kann man sich auch einmal die eigenen Träume anschauen. Gibt es dort Szenen, in denen man sich erfolgreich gewehrt hat? Gibt es dort Szenen, in denen man sich erfolgreich gegen einen anderen abgegrenzt hat? Wie hat man dieses Wehren oder Abgrenzen durchgeführt?

Die Methode, die man im Traum angewandt hat, wird sehr wahrscheinlich auch in der Realität funktionieren. Da die Handlungen im Traum symbolisch und nicht real sind, eignen sie sich als Vorbild in der Regel auch eher für symbolische Handlungen als für konkrete Handlungen.

Wenn man z.B. im Traum seinem eigenen Vater wütend eine Uhr vor die Füße wirf, die man von ihm geschenkt bekommen hat und die nun in alle Einzelteile zerbricht, könnte dies eine passende Geste sein, um in einem kleinen Ritual eine Externe Prägung aufzulösen. Man nimmt dann einen Gegenstand, den man von der Person erhalten hat, von der die externe Prägung stammt, und zerschlägt ihn auf dem Fußboden, wobei man sich dabei die betreffende Person als vor einem stehend vorstellt.

Das ist jetzt natürlich nur ein Beispiel – man kann auch träumen, jemanden anzubrüllen oder jemandem eine Ohrfeige zu geben oder sonst irgendetwas zu tun, was die Abgrenzung gegen diese Person ausdrückt. Diese Traum-Handlung ist mit großer Wahrscheinlichkeit auch eine passende Geste für ein Ritual, mit dem man die Bindung, die durch eine Externe Prägung entstanden ist, auflöst.

10. Das Horoskop

Man kann auch in das eigene Horoskop schauen, um zu sehen, auf welche Weise man eine Externe Prägung wieder auflösen kann.

In dem eben genannten Beispiel des Vaters, dem der Betreffende die Uhr vor die Füße schmeißt, könnte der Betreffende z.B. den Saturn im 2. Haus stehen haben. Der Saturn ist oft die Stelle, an der man für eine Externe Prägung empfänglich ist. Zusätzlich ist anzunehmen, daß dieser Saturn „verletzt" worden ist – z.B. durch ein Quadrat zum Pluto. Dann würde das Zerstören der Uhr diesem Quadrat entsprechen. Zugleich wäre dieses Uhr-Zerstören auch der Akt der Selbstbefreiung.

Man kann im eigenen Horoskop zum einen – wie bereits gesagt – nach dem Saturn schauen, dann zum anderen aber auch nach Quadraten, da diese auf „Verletzungen" und Polarisierungen hinweisen, und schließlich auch noch nach isolierten Planeten, d.h. nach Planeten, die keine Aspekte zu anderen Planeten haben, da diese Planeten so gut wie nie einen wirklich festen Halt haben und meistens leicht ins Wanken zu bringen sind.

Diese astrologische Methode ist jedoch ziemlich indirekt und eignet sich nur für die Suche nach eventuellen wunden Punkten im eigenen System. Die tatsächlichen Externen Prägungen sollten jedoch immer direkt erkannt werden. Allerdings kann das eigene Horoskop durchaus eine große Hilfe dabei sein, die allgemeine Qualität der verschiedenen Externen Prägungen, die man hat, zu erkennen – das Horoskop zeigt das Grundmuster, dem man bei seiner Anfälligkeit für bestimmte Externe Prägungen folgt.

11. Drachenblut

Wenn man eine Externe Prägung ausfindig gemacht hat und auch erkannt hat, von welchem Menschen sie stammt, kann man sie auch gezielt auflösen. Allerdings ist diese Auflösung der Externen Prägung nur einer von zwei notwendigen Schritten. Der zweite dieser beiden Schritt ist die Heilung des inneren Bildes – wenn z.B. das Opfer sein Opfer-Selbstbild nicht heilt und auflöst, kann es zwar erfolgreich die doppelte Bindung zu dem Täter und somit die Externe Prägung durch ihn auflösen, aber das Opfer wird sich schon bald einen neuen Täter suchen, mit dem es das Drama aufs Neue beginnt …

Welchen dieser beiden Schritte man zuerst geht, bleibt einem selber überlassen – da gibt es keine notwendige und einzig sinnvolle Reihenfolge. Es ist jedoch wichtig, beide Schritte zu tun. Dabei kann das Auflösen des Opfer-Selbstbildes durchaus genügen, um eine Externe Prägung zu beenden, auch wenn die Auflösung der doppelten Bindung zwischen Opfer und Täter dabei hilfreich sein kann. Lediglich die Auflösung der doppelten Bindung reicht jedoch nicht aus, da man dann eine neue Externe Prägung anziehen wird.

Die Heilung des inneren polarisierten Bildes ist folglich wichtiger als die rituelle Auflösung der doppelten Bindung.

Die rituelle Auflösung einer solchen Bindung geht wie folgt vor sich:

- Es wird geklärt, worin die Externe Prägung besteht und von wem sie ausgeht.

- Es wird geschaut, wo an dem eigenen Körper diese durch das Zusammenwirken zwischen dem polarisierten Selbstbild und der Externen Prägung erschaffene doppelte Bindung ansetzt. In der Regel ist dies der Bereich des Sonnengeflechts und des Nabels.

- Der Betreffende imaginiert die doppelte Bindung als eine Lebenskraft-Schnur („Silberschnur"), die von dem Körper (meistens Sonnengeflecht/Nabel) des Betreffenden zu dem Körper des anderen führt. Wenn der Betreffende einen Helfer dabei hat, imaginiert auch dieser diese Lebenskraft-Schnur.

- Der Betreffende hält die Lebenskraft-Schnur imaginativ mit seiner Hand eine Handbreit von seinem Körper entfernt fest. Dann schneidet er oder sein Helfer die Lebenskraftschnur mit einem Messer, Dolch, Schwert o.ä. mithilfe einer passenden Geste imaginativ durch.

- Der Betreffende oder sein Helfer nimmt die abgeschnittene Lebenskraft-Schnur und bringt sie imaginativ in die Erde zu Mutter Erde, damit sie sich darum kümmert, daß der Mensch an dem anderen Ende diese Lebenskraft-Schnur mit dem versorgt wird, was er braucht.

Diese Lebenskraft-Schnur einfach frei herumliegen zu lassen, wäre ungeschickt, da sie dann sofort wieder entweder wieder an dem Betreffenden oder an einem anderen Menschen andocken wird. Inwieweit Mutter Erde den anderen heilen wird, kann man offen lassen – derjenige, der dieses Ritual durchgeführt hat, ist auf jeden Fall vor dieser speziellen Lebenskraft-Schnur und die durch sie bewirkten doppelten Bindung geschützt.

- Der Betreffende oder sein Helfer malen mit Drachenblut (gemahlenes Harz des Drachenbaumes), Weihwasser o.ä. ein Schutzzeichen wie ein Pentagramm oder ein Kreuz auf die Stelle auf dem Körper des Betreffenden, an der die Lebenskraft-Schnur abgeschnitten worden ist.

Dies ist eine einfache, beliebte und wirksame Methode, um eine doppelte Bindung aufzulösen. Es gibt natürlich auch andere Möglichkeiten wie Bannungen, Trennungssprüche und ähnliches, die man benutzen kann.

12. Schutzritual

Allgemeine Schutzrituale, Bannkreise und ähnliches sind sehr unspezifisch, aber sie sind hilfreich, um ein Gefühl für die innere Haltung des „aktiven Selbstschutzes" zu entwickeln. Das klassische Ritual für diesen Zweck ist in der heutigen westlichen Kultur das „Kleine Pentagramm-Ritual".

Man kann dieses Ritual auch zur Auflösung von unerwünschten Silberschnüren, d.h. von den doppelten Bindungen, die durch ein polarisiertes Selbstbild und eine dazu passende Externe Prägung entstanden sind, verwenden – aber die „Drachenblut-Methode" ist für diesen Zweck wesentlich besser geeignet, daß sie speziell auf diese Aufgabe zugeschnitten ist und daher auch wesentlich präziser ist.

Allerdings kann eine große Übung in der Verwendung des Kleinen Pentagramm-Rituals durchaus die eigenen Verteidigungskräfte und die Fähigkeit sich abzugrenzen stärken.

13. Exorzismus

Um einen Exorzismus durchzuführen, muß man zunächst einmal sicher festgestellt haben, daß tatsächlich eine Besessenheit vorliegt – was ausgesprochen schwierig ist. Diese Schwierigkeit liegt darin begründet, daß sich eine psychische Störung und eine Besessenheit nur schwierig unterscheiden lassen:

- Sowohl bei einer psychischen Störung als auch bei einer Besessenheit ist die betreffende Person nicht mehr in der Lage, das eigene Handeln souverän zu bestimmen und zu steuern.

- Sowohl bei einer psychischen Störung als auch bei einer Besessenheit kann es zu einem Realitätsverlust kommen, d.h. der Betreffende kann nicht mehr sicher unterscheiden, was innere Bilder und Stimmen sind und was äußere Bilder und Stimmen sind.

- Sowohl bei einer psychischen Störung als auch bei einer Besessenheit kommt es zu bisweilen starken Veränderungen der Persönlichkeit. Bei einer psychischen Störung liegt dies z.B. daran, daß verdrängte Persönlichkeits- anteile aktiv werden, und bei der Besessenheit an dem Charakter des Wesens, das die Besessenheit ausübt.

- Sowohl bei einer psychischen Störung als auch bei einer Besessenheit liegt eine Polarisierung im Charakter des Kranken vor.
Bei der psychischen Störung ist dies z.B. die Polarisierung „Süchtiger und Asket". Wenn der Kranke bisher stets den Asketen gelebt hat und dann der Süchtige an die Oberfläche der Psyche kommt und die Kontrolle übernimmt, kann dies durchaus wie eine Besessenheit wirken.
Bei einer Besessenheit kann am ehesten ein Wesen eine Besessenheit aus- üben, dessen Charakter mit der verdrängten Seite einer Polarisierung in der Psyche eines Menschen übereinstimmt. So hat es ein „Sucht-Geist" leicht, sich an die verdrängte Sucht-Seite eines Asketen anzukoppeln und dann die Regie über diesen Menschen zu übernehmen.

Diese Situation macht es sehr schwierig, eine psychische Störung von einer Beses- senheit zu unterscheiden.

Allerdings gibt es die Möglichkeit, dieses Problem zu umgehen – sofern nicht eine massive Störung vorliegt, die den Aufenthalt in einer Psychiatrie erfordert. Sowohl die psychische Störung als auch die Besessenheit haben eine Polarisierung in dem Wesen des Kranken zur Grundlage. Daher ist die Heilung dieser Polarisierung sowohl ein Mittel gegen die psychische Störung als auch gegen die Besessenheit.

Das dem Exorzismus zugrunde liegende Bild ist der Geist, der unbefugt die Psyche des Besessenen betreten hat und dort bleiben will. Dieser Geist muß folglich wieder aus der Psyche des Betreffenden vertrieben werden. Der Exorzist muß folglich mächtiger als Geist sein bzw. sich mit Wesen verbünden, die mächtiger als dieser Geist sind.

Daher bestehen Exorzismen im Wesentlichen aus Anrufungen von Gott, Christus, Buddha u.ä. Wesen sowie aus Bannungen, also Vertreibungen des Geistes. Je nach Weltanschauung und Religion werden dabei die Bibel, der Koran, Weihwasser u.ä. verwendet – also Dinge, die der Geist nicht ertragen kann.

Einem Exorzismus liegt immer das Bild des Kampfes von Gut/Richtig gegen

Böse/Falsch zugrunde – wobei der Exorzist natürlich immer auf der Seite der Richtigen und Guten steht. Der Exorzist ist daher sozusagen ein Priester-Krieger, der in vorderster Front gegen den Teufel kämpft.

Der Charakter eines Exorzisten entspricht weitestgehend dem Charakter eines Hypnotisieurs und auch dem Charakter eines Magiers, der vor allem mithilfe eines Mediums arbeitet.

Wenn es sich bei dem vorliegenden Fall nicht um eine Besessenheit, sondern um eine psychische Störung handelt, kann ein erfolgreicher Exorzismus zwar den ursprünglichen psychischen Zustand des Betreffenden wiederherstellen – die auf einer Polarisierung beruht hat. Wenn der Betreffende zunächst konsequent z.B. entsprechend seines Asketen-Selbstbildes gelebt hat und dann seine jahrelang verdrängte Sucht-Seite als „Pseudo-Besessenheit" an die Oberfläche durchgebrochen ist, ist ein Exorzismus nichts anderes als eine erneute Verdrängung dieser Sucht-Seite. Dadurch wird die innere Spannung zwischen Askese und Sucht nicht nur nicht aufgelöst, sondern sogar noch einmal deutlich verstärkt. Der Betreffende ist also nicht geheilt, sondern trägt nun eine noch größere Spannung in sich, die bald wieder hervorbrechen und noch heftiger sein wird.

Wenn es sich tatsächlich um eine Besessenheit gehandelt hat, wird der Geist durch einen Exorzismus zwar gebannt, aber die Polarisierung in der Psyche des Betreffenden wird nicht geheilt. Somit steht bei dem Betreffenden weiterhin das Tor für die entsprechende Art von Geistern weit offen. Zudem wird er diese Art von Geist fürchten, was seine innere Polarisierung noch weiter verstärken wird.

Es ist also selbst bei dem Verdacht einer Besessenheit sinnvoller, die zugrunde liegende Polarisierung in dem Betreffenden aufzulösen als einen Exorzismus durchzuführen.

14. Bewußtheit

Das, was zur Auflösung von Externen Prägungen am meisten benötigt wird, ist Bewußtheit – wenn man nicht wach und aufmerksam ist, kann man zur Marionette von Externen Prägungen werden. Wie soll man sich gegen den Einfluß einer psychotischen Schwester wehren können, wenn niemand die Psychose erkennt und als solche benennt? Wie soll man sich gegen die Panikattacke eines Freundes wehren können, wenn man sich von seiner Panik jedesmal wieder anstecken läßt? Wie soll man sich gegen die Dominanz eines Vorgesetzten wehren können, wenn man dieses Dominanzverhältnis für richtig oder unvermeidbar oder gottgegeben hält?

Eine wichtige Hilfe bei der Aufrechterhaltung dieser klaren Bewußtheit ist eine Maxime der toltekischen Schamanen in Mittelamerika: „Alles, was ein Mensch sagt und tut, ist eine Aussage dieses Menschen über sich selber." Wenn ein anderer Mensch sagt, daß man selber ein Idiot sei, dann bedeutet das keineswegs, daß man tatsächlich ein Idiot ist, sondern nur, daß der andere der Meinung ist, daß man ein Idiot sei – oder daß der andere das sagt, weil er hofft, damit den eigenen Widerstand gegen ihn brechen zu können.

Dieses Prinzip, das ausführlich in dem Buch „Die vier Versprechen" von Don Miguel Ruiz beschrieben wird, kann helfen, dieses klare Bewußtheit zu entwickeln. Wenn man sich darin übt, dieses Prinzip ständig bewußt zu haben und alles, was andere tun und sagen, als deren Aussage über sich selber aufzufassen, wächst die eigene Eigenständigkeit stetig an – was dann wiederum Externe Prägungen unwahrscheinlicher macht.

15. Das rechte Maß

Um die eigenen Polarisierungen zu heilen und dadurch letztlich unangreifbar für Externe Prägungen zu werden, ist es hilfreich, bei allem nach dem rechten Maß zu schauen.

Wo verhält man sich einseitig oder extrem? In welchen Lebensbereichen hat man im Horoskop Quadrate? Wo hat man wunde Punkte und reagiert deswegen äußerst heftig? Welche leidvollen Erlebnisse wiederholen sich in dem eigenen Leben immer wieder? Wo verhält man sich sehr einseitig? Wo erlebt man immer wieder ein „entweder – oder". Wo scheint man immer nur die eine Hälfte dessen, was man will, erreichen zu können?

Dies sind die Punkte, wo es sich zu prüfen lohnt, ob man sich bei ihnen eigentlich auf eine sinnvolle Weise verhält. Vielleicht entsprechen diese Einseitigkeiten dem eigenen Charakter – vielleicht liegt ihnen aber auch eine Polarisierung zugrunde, die einem selber das Leben schwer macht.

Diese Punkte sind oft die Quadrate im eigenen Horoskop: So kann es z.B. sein, daß jemand, der seinen Pluto im 2. Haus und seinen Mond im 10. Haus stehen hat, ein Problem mit dem Quadrat zwischen diesen beiden Planeten hat. Dann wird er sich entweder nur um Wohnung, Besitz, Ernährung, Einkommen u.ä., also nur um den Pluto im 2. Haus kümmern und dabei völlig einsam sein, oder er wird sich nur um Nähe, Genießen, Beziehungen, Kinder u.ä., also um den Mond in seinem 10. Haus kümmern – und arm sein. Beide Einseitigkeiten schaffen große Probleme: Ohne Kontakte nützt ein gutes Einkommen nichts – und ohne Einkommen stehen auch die Kontakte unter Streß.

Die Lösung besteht darin, beiden Lebensbereichen ausreichend Zeit und Aufmerksamkeit zu gewähren. Dann kann sich diese Polarisierung auflösen und sich nach und nach eine Mühelosigkeit im Umgang mit diesem Quadrat entwickeln, die auf dem Gespür für das rechte Maß und für den rechten Zeitpunkt beruht.

16. Zusammenfassung

Die Auflösung einer Externen Prägung beruht vor allem auf der Auflösung einer inneren Polarisierung. Diese Auflösung wird durch den Kontakt zur eigenen Seele, zur eigenen Schutzgottheit, durch eine wache Bewußtheit, durch Eigenständigkeit und das Finden des rechten Maßes in allen Dingen gefördert.

Die Auflösung einer Externen Prägung kann zudem durch Rituale („Drachenblut-Ritual"), in denen die betreffende Lebenskraft-Schnur (doppelte Bindung) durchgetrennt wird, sowie durch Schutzrituale („Kleines Pentagramm-Ritual") unterstützt werden.

Das, was die Tore der Psyche und des Lebenskraftkörpers für Externe Prägungen öffnet, sind innere Polarisierungen, die zu einem Gegeneinander von Selbstbild („Ideal") und Angstbild („Schatten") in der eigenen Psyche führen. An dieses Schatten-Bild, das der Gegenpol zu dem selber gelebten Ideal, also des bejahten Pols der Polarisierung ist, kann dann die Externe Prägung eines anderen Menschen andocken.

Das Schatten-Bild in dem einen Menschen und das Schatten-Bild in dem anderen Menschen ziehen sich gegenseitig an – z.B. das verdrängte und angstbesetzte Täter-Bild in dem Opfer und das verdrängte und angstbesetzte Opfer-Bild in dem Täter. Dadurch ergibt sich eine doppelte Bindung z.B. zwischen Täter und Opfer.

Daher gibt es eigentlich keine einseitige Externe Prägung – diese Prägung geht stets von zwei Seiten aus: von Süchtiger und Asket, von Täter und Opfer oder von Star und Fan.

Es gibt natürlich auch den Fall, daß ein Mensch, der z.B. ein extrem starkes Täter-Bild in sich trägt und dies auch hemmungslos auslebt, derartig dominant wird, daß sich fast kaum jemand gegen seine Dominanz und sein Machtstreben wehren kann.

Das bedeutet, daß diese Bindung, die durch eine Externe Prägung entsteht, zwar immer zweiseitig ist, aber daß diese beiden Seiten verschieden stark sein können. Ein Mensch, der sozusagen ein Extrem-Täter ist, kann sich auch Menschen unterwerfen, die nur eine geringe Neigung zur Unterordnung haben, die also nur in geringem Maße die Rolle eines Opfers innehaben.

Das Muster rastet ein und das Drama beginnt, wenn die polarisierten Prägungen von zwei Menschen ausreichend genau entgegengesetzte Polarisierungen sind und wenn die Summe der Kraft in ihren inneren polarisierten Bildern ausreichend groß ist.

VI Erkennungsmerkmale der Externen Prägung

Wie kann man eine Externe Prägung sicher von anderen Ursachen wie eigenen inneren Bildern, Verhaltensgewohnheiten u.ä. unterscheiden?

Ein einfaches und sicheres Merkmal gibt es leider nicht, aber man kann durch das Stellen und Beantworten von einer Reihe von Fragen schließlich mit einer aureichend hohen Wahrscheinlichkeit sagen, ob man es mit einer Externen Prägung zu tun hat oder nicht.

Diese Fragen sind:

1. Was ist mir aufgefallen, daß ich mich überhaupt frage, ob ich es mit einer Externen Prägung zu tun habe?

Wenn das, was mir aufgefallen ist, sehr extrem ist, ist die Wahrscheinlichkeit hoch, daß es sich um eine Externe Prägung handelt.

2. Ist das Besondere, das mir aufgefallen ist, mein Verhalten oder das eines anderen?

Wenn ich mich komisch verhalten habe, liegt das Bild, das die Externe Prägung bewirkt, in dem anderen – wenn der andere sich ungewöhnlich verhalten hat, liegt das Bild, das die Externe Prägung bewirkt, in mir.

3. Ist das, was mir aufgefallen ist, etwas, das ein einmaliges Ereignis ist, oder etwas, das sich oft wiederholt?

Wenn es ein einmaliges Ereignis ist, ist die Wahrscheinlichkeit hoch, daß es sich um eine Externe Prägung durch einen anderen handelt – wenn sich das Ereignis schon mehrmals wiederholt hat, ist es wahrscheinlich, daß die Ursache in dem liegt, der diese Ereignisse erlebt.

4. Kenne ich den betreffenden Typ von Verhaltensweisen bereits von mir?

Wenn mir die auffällige Verhaltensweise bereits von mir gut bekannt ist, ist es sehr wahrscheinlich, daß die Ursache in mir liegt.

Dabei kann es natürlich Variationen eines Themas geben – so sind z.B. der Asket und der Helfer miteinander verwandt, ebenso der Süchtige, der Lügner und der Dieb, oder auch das Opfer, die „Heulsuse", der Masochist und der Diener, usw.

5. Haben die beiden Beteiligten zwei Gegenpol-Bilder?

Wenn dies der Fall ist, könnte es sich um eine Externe Prägung handeln. Wenn dies jedoch nicht der Fall ist, ist dies unwahrscheinlicher, aber nicht unmöglich.

6. Haben die beiden Beteiligten beide dasselbe Polaritäts-Bild in sich?

Wenn dies der Fall sein sollte, könnte es sich um einen „Wettstreit zwischen Gleichen" handeln. Dies ist z.B. der Fall, wenn sich zwei Asketen-Helfer treffen und darum streiten, wer dem anderen helfen darf. Wenn die inneren Bilder der beiden ausreichend stark sind, kann es dazu kommen, daß einer der beiden Asketen-Helfer in die Gegenpol-Rolle des hilflosen und evtl. sogar geisteskranken Süchtigen kippt.

Diese Variante ist eher selten.

7. Hat einer der beiden in einem Polaritäts-Paar eindeutig das stärkere prägende Bild in sich?

Falls dies der Fall sein sollte – wenn also z.B. ein extrem ausgeprägter Täter auf jemanden trifft, der nur ein schwach ausgeprägtes Opfer-Bild in sich trägt – dann ist derjenige mit dem extrem ausgeprägten Bild in sich derjenige, der die Externe Prägung bei dem anderen verursacht.

8. Liegt eine Externe Prägung vor, auf die sich beide Beteiligte freiwillig eingelassen haben?

Das gibt es z.B. bei der Hypnose, aber auch in Arbeitsverhältnissen. In der Werbung und in der Propaganda ist diese Freiwilligkeit nur noch ansatzweise vorhanden. Bei der Macht-Magie, im Schadenszauber und ähnlichem gibt es keinerlei Freiwilligkeit auf Seiten des Empfängers der Externen Prägung mehr.

9. Wie fühle ich mich anschließend an das komische oder ungewöhnliche eigene Verhalten?

Wenn es mir weiterhin gut geht, könnte es sich zwar eventuell trotzdem um eine Externe Prägung handeln, aber sie kann nicht so groß gewesen sein, daß ich in größerem Maße von meinem Weg abgewichen bin und mich deshalb nun schlecht, ausgelaugt, ausgenutzt, selbstentfremdet, entmachtet, verachtet, wertlos, usw. fühle.

Ein solches „schlechtes Gefühl" anschließend an das ungewöhnliche Verhalten ist eine deutlicher Hinweis darauf, daß da etwas schiefgelaufen ist. Das muß natürlich nicht notwendigerweise eine Externe Prägung gewesen sein, sondern kann auch auf meinem eigenen Mangelgefühl, meiner eigenen Angst oder meinen eigenen Selbstzweifeln beruhen – die natürlich ihrerseits Externe Prägungen durch andere, die das Gegenpol-Bild zu meinem eigenen inneren Bild in sich tragen, in mein Leben ziehen.

10. Wie fühle ich mich anschließend an das komische oder ungewöhnliche Verhalten eines anderen?

Wenn ich anschließend das Gefühl von Beute, von Macht oder Ruhm habe, ist es wahrscheinlich, daß ich einen anderen durch ein eigenes inneres Bild geprägt habe. Das Gefühl von Beute tritt beim erfolgreichen Süchtigen auf, das Gefühl von Macht beim erfolgreichen Täter, und das Gefühl von Ruhm beim erfolgreichen Star. Dies sind die drei Gefühle der erfolgreichen „zu lauten" Extreme, die in der Begegnung mit ihrem inneren Bild die Haltung und das Verhalten des anderen erfolgreich geprägt haben.

Wenn ich anschließend hingegen das Gefühl von „Gutmensch" habe, also von Aufopferung für andere, von Frieden-Schaffen durch Anpassung oder von Stärkung des anderen durch reichliches Loben, ist es ebenfalls wahrscheinlich, daß ich einen anderen durch ein eigenes inneres Bild geprägt habe. Das Gefühl von Aufopferung für andere tritt beim erfolgreichen Asketen auf, das Gefühl von Frieden-Schaffen durch Anpassung beim erfolgreichen Opfer, und das Gefühl von Stärkung des anderen durch reichliches Loben beim erfolgreichen Fan. Dies sind die drei Gefühle der erfolgreichen „zu leisen" Extreme, die in der Begegnung mit ihrem inneren Bild die Haltung und das Verhalten des anderen erfolgreich geprägt haben.

Entsprechend zu diesen Gefühlen des „Prägenden" gibt es auch die Gefühle des „Geprägten". Beide Gruppen von Gefühlen sind in der folgenden Tabelle aufgeführt:

Die Gefühle nach einer Externen Prägung		
	der Prägende (das gute Gefühl)	*der Geprägte* (das schlechte Gefühl)
Thema „Mangel"	Süchtiger: Beute	Asket: Verlust
	Asket: Aufopferung	Süchtiger: Genervtsein
Thema „Angst"	Täter: Macht	Opfer: Ohnmacht
	Opfer: Frieden-schaffen	Täter: Genervtsein
Thema „Selbstzweifel"	Star: Ruhm	Fan: Wertlosigkeit
	Fan: Loben	Star: Genervtsein

Die drei „leisen" Typen (Asket, Opfer, Fan) fühlen sich nach einer erlittenen Externen Prägung schlecht, weil sie etwas verloren haben, das ihnen der andere durch die Externe Prägung genommen hat: dem Asketen fehlt der Besitz, dem Opfer die Kraft und dem Fan die Wertschätzung. Somit fühlen sie sich arm (Asket), schwach (Opfer) und wertlos (Fan).

Die drei „lauten" Typen (Süchtiger, Täter, Star) fühlen sich nach einer erlittenen Externen Prägung hingegen vor allem genervt und wollen den anderen wieder loswerden. Dies liegt daran, daß die drei „lauten" Typen stets die Dominanz über die anderen anstreben und somit das „selber von anderen geprägt werden" die Dominanz untergräbt, die den drei „lauten" Typen so wichtig ist. Für die drei „lauten" Typen bedeutet die Erkenntnis, daß sie selber durch eine Externe Prägung gelenkt worden sind, ein Verlust ihrer Überlegenheits-Position. Das ist für sie geradezu eine Bedrohung ihres eigenen Existenz, weshalb sie in einer solchen Situation ausgesprochen unangenehm werden können.

Nach einer Situation, in der man sich selber treu geblieben und sich nicht durch eine Externe Prägung hat lenken lassen, entsteht hingegen das Gefühl von Richtigkeit, das die Aspekte der Fülle, der Kraft und der Selbstliebe enthalten kann.

11.   Habe ich in der betreffenden Situation Phantasien und Vorstellungen darüber gehabt, was ich in der Situation tun könnte oder tun sollte, die dem, was ich eigentlich will und was ich normalerweise tue, widersprechen?
Wenn dies der Fall ist, ist es recht wahrscheinlich, daß es eine Externe Prägung gegeben hat, die man jedoch – glücklicherweise – nicht in eine Handlung umgesetzt hat.

12.   Läßt sich die Neigung zu einem bestimmten inneren Polaritäts-Bild und somit zu einer bestimmten aktiven Form (prägen) oder passiven Form (geprägt werden) der Externen Prägung in den Horoskopen der beiden Beteiligten erkennen?
Solche Neigungen lassen sich nicht sicher in einem Horoskop erkennen. Viele Quadrate weisen meistens auf einen „zu lauten" Typus hin, während ein einzelnes Quadrat meistens bei einen „zu leisen" Typus zu finden ist. Anhand der Stellung von Mond und Neptun kann man etwas über das „Fülle"-Thema erkennen, anhand des Mars und des Saturn etwas über das „Kraft"-Thema, und anhand der Sonne etwas über das „Selbstliebe"-Thema.

Neben den beiden Horoskopen der beiden Beteiligten muß man auch noch das Partner-Horoskop der beiden betrachten, d.h. die Aspekte zwischen den beiden Horoskopen anschauen.

Letztlich ist eine solche „astrologische Diagnose" zwar möglich, aber aufgrund der Komplexität von Partnerhoroskopen und der Ungewißheit, auf welchem Niveau die beiden Beteiligten ihr eigenes Horoskop leben, umständlich, unübersichtlich und unsicher. Daher ist das Gespräch mit den beiden betreffenden Personen deutlich praktischer.

VII Zusammenfassung

Die Externe Prägung ist ein allgemeines Phänomen, daß sich daraus ergibt, daß sich Menschen mit entgegengesetzter polarisierter Prägung nicht nur von ihrem Verhalten her, sondern auch telepathisch gegenseitig anziehen und daher eine doppelte Bindung bilden.

Insbesondere dann, wenn die Polarisierung verschieden stark ausgeprägt ist, wenn also z.B. ein Mensch mit einer starken Täter-Prägung auf einen Menschen mit einer schwachen Opfer-Prägung trifft, handelt das Opfer manchmal auf eine Weise, die ihm selber völlig fremd ist.

Diese Externen Prägungen reichen von der leidvollen Dynamik in Beziehungen über die Hierarchie in den vielen Arbeitsverhältnissen bis hin zu politischer Propaganda.

Wenn man von den Forschungsergebnissen der psychologischen Bindungstheorie ausgeht, haben 2/3 der Menschen eine weitgehend intakte Bindungsform, was bedeutet, daß sie nur in geringem Maße für Externe Prägungen empfänglich sind. Das übrige 1/3 der Menschen ist in seinem Verhalten jedoch polarisiert und daher für die Externe Prägung durch andere Menschen mit der ihnen jeweils entgegengesetzten Prägung empfänglich.

Doch auch die heilen 2/3 der Menschen sind nicht gegen die Externe Prägung durch Menschen mit einer starken Polarisierung und einer Fixierung auf eine bestimmtes Thema und ein bestimmtes Verhalten gefeit. Vermutlich ist es nur ein sehr kleiner Teil der Menschen, die innerlich so wenig polarisiert sind und daher so sicher in sich selber ruhen, daß sie in aller Regel unempfänglich für Externe Prägungen sind.

Da Handlungen, die aus einer inneren Polarisierung entspringen, nicht zu Lust, Freude und Glück führen, ist es erstrebenswert, diese inneren Polarisierungen aufzulösen. Aus diesen Polarisierungen entstehen auch die doppelten Bindungen zu Menschen mit der entgegengesetzten Polarisierung. Mit ihnen zusammen führt man dann das eigene leidvolle Drama auf: das Beziehungs-Mandala.

- - -

Wie bei fast allen Dingen im Leben ist auch hier das Beachten die beiden Sprüche über dem Eingang zu dem Orakel von Delphi ausgesprochen hilfreich:

„Erkenne Dich selbst."

„Nichts im Übermaß."

Bücher von Harry Eilenstein

- The Synthesis of Physics and Magic (192 p.)	- Money Magic for Beginners (60 p.)
- Telepathy for Beginners (60 p.)	- Magic Objects for Beginners (64 p.)
- Telepathy for Advanced Learners (52 p.)	- Shamanism for Beginners (52 p.)
- Telekinesis for Beginners (56 p.)	- Chakra-Magic for Beginners (148 p.)
- Life Force for Beginners (76 p.)	- Language of the Moon – for Beginners (128 p.)
- Kundalini for Beginners (104 p.)	- Self Knowledge for Beginners (60 p.)
- Astral Projection for Beginners (60 p.)	- Da'ath-Magic for Beginners (64 p.)
- Meditation for Beginners (60 p.)	- Astrology for Beginners (112 p.)
- Prophecy for Beginners (60 p.)	- Number Symbolism for Beginners (64 p.)
- Ritual Magic for Beginners (64 p.)	- Mandalas for Beginners (76 p.)
- Magic Chant for Beginners (108 p.)	- Crop Circles for Beginners (344 p.)
- Invocations for Beginners (52 p.)	- Feng Shui for Beginners (96 p.)
- Evocations for Beginners (62 p.)	- Magic Research for Beginners (140 p.)
- Auto-Movement for Beginners (60 p.)	
- Elves for Beginners (56 p.)	- Magic for Beginners – Anthology I (636 p.)
- Hypnosis for Beginners (56 p.)	- Magic for Beginners – Anthology II (616 p.)
- Love Magic for Beginners (52 p.)	- Magic for Beginners – Anthology III (684 p.)
	- Magic for Beginners – Anthology IV (580 p.)

Religion allgemein	Inder
- Die sieben Schritte des Lebens (428 S.)	- Dakini (80 S.)
- Muttergöttin und Schamanen (168 S.)	- Vajra (76 S.)
- Totempfähle (440 S.)	**Germanen**
- Der Urriese (168 S.)	- Die Götter der Germanen (87 Bände – siehe
Jungsteinzeit	nächste Seite)
- Göbekli Tepe (472 S.)	- Odin (300 S.)
- Die Göttin von Göbekli Tepe (144 S.)	**Kelten**
Ägypten	- Cernunnos (690 S.)
- Hathor und Re 1: Götter und Mythen im	- Taliesin (228 S.)
Alten Ägypten (432 S.)	- Der Kessel von Gundestrup (220 S.)
- Hathor und Re 2: Die altägyptische Religion –	- Der Chiemsee-Kessel (76)
Ursprünge, Kult und Magie (396 S.)	**Psychologie**
- Isis (508 S.)	- Über die Freude (100 S.)
- Ma'at (200 S.)	- Das Geheimnis des inneren Friedens (252 S.)
Christentum	- Das Beziehungsmandala (52 S.)
- Christus (60 S.)	- Gefühle und ihre Verwandlungen (404 S.)
- Die Biographie des Teufels (144 S.)	- einsgerichtet (140 S.)
Indogermanen	- Liebe und Eigenständigkeit (216 S.)
- Die Entwicklung der indogermanischen	- Von innerer Fülle zu äußerem Gedeihen (52 S.)
Religionen (700 S.)	**Heilung**
- Wurzeln und Zweige der indogermanischen	- Die Symbolik der Krankheiten (76 S.)
Religion (224 S.)	**Kunst**
Griechen	- Herz des Tanzes – Tanz des Herzens (160 S.)
- Pan (336 S.)	- Die Wurzeln der Kunst (60 S.)
- Poseidon (668 S.)	- Wege zur Musik-Improvisation (32 S.)
	Drama
	- König Athelstan (104 S.)

Eilenstein, Frater V.D., Knecht, Büdenbender	Büdenbender, Eilenstein
- Magie heute – Berichte aus der Praxis (288 S.)	- Chaos, Alk und Magic (436 S.)
- Living Magic (261 p.)	

„Magie für Anfänger"

- Telepathie für Anfänger (60 S.)
- Telepathie für Fortgeschrittene (52 S.)
- Telekinese für Anfänger (52 S.)
- Analogien für Anfänger (56 S.)
- Omen und Orakel für Anfänger (52 S.)
- Lebenskraft für Anfänger (60 S.)
- Meditation für Anfänger (56 S.)
- Kundalini für Anfänger (100 S.)
- Hypnose für Anfänger (56 S.)
- Auto-Movement für Anfänger (56 S.)
- Chakra-Magie für Anfänger (148 S.)
- Astralreisen für Anfänger (56 S.)
- Astrologie für Anfänger (120 S.)
- Astrologische Quadrate für Fortgeschrittene (72 S.)
- Silberschnüre für Anfänger (52 S.)
- Zaubersprüche für Anfänger (60 S.)
- Ritual-Magie für Anfänger (56 S.)
- Mandalas für Anfänger (68 S.)
- Geldzauber für Anfänger (56 S.)
- Liebeszauber für Anfänger (52 S.)
- Invokationen für Anfänger (52 S.)
- Evokationen für Anfänger (60 S.)
- Geister für Anfänger (52 S.)
- Elfen für Anfänger (56 S.)
- Magie-Forschung für Anfänger (140 S.)
- Magie-Romantik für Anfänger (60 S.)
- Selbsterkenntnis für Anfänger (52 S.)
- Einweihungen für Anfänger (60 S.)
- Drogen-Kabbala für Anfänger (216 S.)
- Zahlensymbolik für Anfänger (60 S.)
- Die Sprache des Mondes – für Anfänger (116 S.)
- Zaubergesänge für Anfänger (100 S.)
- Zukunftschau für Anfänger (60 S.)
- Schamanismus für Anfänger (52 S.)
- Schwitzhütten für Anfänger (52 S.)
- Magische Gegenstände für Anfänger (68 S.)
- Zaubertränke für Anfänger (64 S.)
- Magie-Gesten für Anfänger (252 S.)
- Übertragungen für Anfänger (68 S.)
- Externe Prägungen für Anfänger (52 S.)
- Da'ath-Magie für Anfänger (64 S.)
- Magie-Heilungen für Anfänger (68 S.)
- Kornkreise für Anfänger (348 S.)
- Feng Shui für Anfänger (96 S.)
- Tao für Anfänger (112 S.)
- Magie für Anfänger – Sammelband   I (696 S.)
- Magie für Anfänger – Sammelband II (664 S.)
- Magie für Anfänger – Sammelband III (580 S.)
- Magie für Anfänger – Sammelband IV (700 S.)
- Magie für Anfänger – Sammelband V (676 S.)

„Traumreisen"

- Traumreisen zu Heilpflanzen (700 S.)

Magie

- Handbuch für Zauberlehrlinge (408 S.)
- Wie man das Pentagramm-Ritual zum Leben erweckt (308 S.)
- Tarot (104 S.)
- Physik und Magie (184 S.)
- Die Synthese von Physik und Magie (200S.)
- Die Magie-Formel (156 S.)
- Schwarze Löcher in der Magie (56 S.)
- Krafttiere – Tiergöttinnen – Tiertänze (112 S.)
- Schwitzhütten (524 S.)
- Mythen und Magie der Harfe (116 S.)
- Drei Adeptus Major Rituale (192 S.)
- Drei Adeptus Exemptus Rituale (120 S.)
- Zwei Infans Abyssi Rituale (128 S.)
- Die Magie der Propheten Elias und Elisa (96 S.)

Meditation

- Der Lebenskraftkörper (230 S.)
- Die Chakren (100 S.)
- Das Chakren-System mit den Nebenchakren (296 S.)
- Organe und Chakren (64 S.)
- Die platonischen Körper in den Chakren (156 S.)
- Meditation (140 S.)
- Drachenfeuer (124 S.)
- Kundalini I (676 S.)
- Kundalini II (672 S.)
- Reinkarnation (156 S.)
- einsgerichtet (140 S.)

Astrologie

- Astrologie (496 S.)
- Photo-Astrologie (428 S.)
- Die astrologischen Aspekte (88 S.)
- Horoskop und Seele (120 S.)

Kabbala

- Kursus der praktischen Kabbala (150 S.)
- Eltern der Erde (450 S.)
- Blüten des Lebensbaumes:
    - Die Struktur des kabbalistischen Lebensbaumes (370 S.)
    - Der kabbalistische Lebensbaum als Forschungshilfsmittel (580 S.)
    - Der kabbalistische Lebensbaum als spirituelle Landkarte (520 S.)
- Logik und Wirkung der Analogie (700 S.)

Die Themen der 87 Bände der Reihe „Die Götter der Germanen"

1. Die Entwicklung der germanischen Religion
2. Lexikon der germanischen Religion
3. Der ursprüngliche Göttervater Tyr
4. Tyr in der Unterwelt: der Schmied Wieland
5. Tyr in der Unterwelt: der Riesenkönig   Teil 1
6. Tyr in der Unterwelt: der Riesenkönig   Teil 2
7. Tyr in der Unterwelt: der Zwergenkönig
8. Der Himmelswächter Heimdall
9. Der Sommergott Baldur
10. Der Meeresgott: Ägir, Hler und Njörd
11. Der Eibengott Ullr
12. Die Zwillingsgötter Alcis
13. Der neue Göttervater Odin   Teil 1
14. Der neue Göttervater Odin   Teil 2
15. Der Fruchtbarkeitsgott Freyr
16. Der Chaos-Gott Loki
17. Der Donnergott Thor
18. Der Priestergott Hönir
19. Die Göttersöhne
20. Die unbekannteren Götter
21. Die Göttermutter Frigg
22. Die Liebesgöttin: Freya und Menglöd
23. Die Erdgöttinnen
24. Die Korngöttin Sif
25. Die Apfel-Göttin Idun
26. Die Hügelgrab-Jenseitsgöttin Hel
27. Die Meeres-Jenseitsgöttin Ran
28. Die unbekannteren Jenseitsgöttinnen
29. Die unbekannteren Göttinnen
30. Die Nornen
31. Die Walküren
32. Die Zwerge
33. Der Urriese Ymir
34. Die Riesen
35. Die Riesinnen
36. Mythologische Wesen
37. Mythologische Priester und Priesterinnen
38. Sigurd/Siegfried
39. Helden und Göttersöhne
40. Die Symbolik der Vögel und Insekten
41. Die Symbolik der Schlangen, Drachen und Ungeheuer
42.a Die Symbolik der Herdentiere I
42.b Die Symbolik der Herdentiere II
43. Die Symbolik der Raubtiere
44. Die Symbolik der Wassertiere und sonstigen Tiere
45. Die Symbolik der Pflanzen
46. Die Symbolik der Farben
47. Die Symbolik der Zahlen
48. Die Symbolik von Sonne, Mond und Sternen
49.a Das Jenseits I – Das Hügelgrab
49.b Das Jenseits II – Der Jenseitsweg
50. Seelenvogel, Utiseta und Einweihung
51. Wiederzeugung und Wiedergeburt
52. Elemente der Kosmologie
53. Der Weltenbaum
54. Die Symbolik der Himmelsrichtungen und der Jahreszeiten
55.a Mythologische Motive I
55.b Mythologische Motive II
56. Der Tempel
57. Die Einrichtung des Tempels
58. Priesterin – Seherin – Zauberin – Hexe
59. Priester – Seher – Zauberer
60. Rituelle Kleidung und Schmuck
61. Skalden und Skaldinnen
62. Kriegerinnen und Ekstase-Krieger
63. Die Symbolik der Körperteile
64.a Magie und Ritual I
64.b Magie und Ritual II
64.c Magie und Ritual III
65. Gestaltwandlungen
66.a Magische Angriffs-Waffen
66.b Magische Verteidigungs-Waffen
67. Magische Werkzeuge und Gegenstände
68. Zaubersprüche
69. Göttermet
70. Zaubertränke
71. Träume, Omen und Orakel
72. Runen
73. Sozial-religiöse Rituale
74. Weisheiten und Sprichworte
75. Kenningar
76. Rätsel
77. Die vollständige Edda des Snorri Sturluson
78. Frühe Skaldenlieder
79.a Mythologische Sagas I
79.b Mythologische Sagas II
80. Hymnen an die germanischen Götter